ETA LINNEMANN

Gleichnisse Jesu

Einführung und Auslegung

Kurzausgabe
2. Auflage

VANDENHOECK & RUPRECHT IN GÖTTINGEN

Eta Linnemann

Geboren am 19. 10. 1926 in Osnabrück. Studium der Theologie in Marburg, Tübingen und Göttingen. Dr. theol. 1961 KiHo Berlin. Habilitation 1970 Philipps-Universität Marburg. Seit 1967 Professorin, seit 1972 o. Professorin in Braunschweig.

Veröffentlichungen: Gleichnisse Jesu. Einführung und Auslegung, 1961, 1975⁶. Der (wiedergefundene) Markusschluß, in: ZThK 66 (1969) S. 255—287. Studien zur Passionsgeschichte (FRLANT 102) 1970 Jesus und der Täufer, in: Festschrift für Ernst Fuchs, Hrsg. G. Ebeling, E. Jüngel und G. Schunack 1973, S. 219—236. Zeitansage und Zeitvorstellung in der Verkündigung Jesu, in: Jesus Christus in Historie und Theologie. Neutestamentliche Festschrift für Hans Conzelmann zum 60. Geburtstag, Hrsg. G. Strecker, 1975, S. 237—263.

CIP-Kurztitelaufnahme der Deutschen Bibliothek

Linnemann, Eta:

Gleichnisse Jesu : Einf. u. Auslegung / Eta Linnemann. − 2. Aufl. d. Kurzausg. (Nachdr. d. 6. Aufl.). − Göttingen : Vandenhoeck und Ruprecht, 1982.
(Kleine Vandenhoeck-Reihe ; 1445)

ISBN 3-525-33425-7

NE: GT

1. Auflage 1961 / 2. Auflage 1962 / 3., ergänzte Auflage 1964 / 4. Auflage 1966 / 5., durchgesehene und ergänzte Auflage 1969 / 6., durchgesehene und ergänzte Auflage 1975

Kleine Vandenhoeck-Reihe 1445
2. Auflage 1982 der Kurzausgabe (Nachdruck der 6. Auflage)

Vandenhoeck & Ruprecht, Göttingen 1961. − Printed in Germany. − Ohne ausdrückliche Genehmigung des Verlages ist es nicht gestattet, das Buch oder Teile daraus auf foto- oder akustomechanischem Wege zu vervielfältigen. −
Gesamtherstellung: Hubert & Co., Göttingen

VORWORT ZUR TASCHENBUCHAUSGABE

Dieses Buch ist aus der Frage entstanden, was Jesus uns zu sagen hat und wie sich seine Botschaft von anderen Stimmen unterscheidet. Um dessentwillen galt es, Jesu Stimme von anderen Stimmen zu unterscheiden, da alle sich an ihm messen lassen müssen. Aber diese Rückfrage nach dem historischen Jesus soll uns nicht trennen von den Vätern und Geschwistern im Glauben; und sie soll uns offen machen für das, was Gott uns heute durch sein Wort sagen will, mit der gleichen Liebe, mit der Jesus seinen Gegnern nachgegangen ist, damit sie mit ihm ins Einverständnis kommen konnten. Denn wir haben einen lebendigen Gott, der auch uns lebendig machen will.

Wie viele mitgeholfen haben, damit dies Buch zustande kommen konnte, habe ich in der vollständigen Ausgabe gesagt. Ihre Namen sind unvergessen, und der Dank bleibt. Hier aber will ich noch einmal mit Dank nennen: Herrn Professor Dr. Karl Witt, den früheren Leiter des Katechetischen Amtes der Hannoverschen Landeskirche, dem es am Herzen lag, daß wissenschaftliche Auslegungen biblischer Texte für Religionslehrer geschrieben wurden, und der Ev.-luth. Landeskirche Hannovers, die dieses Anliegen verstanden und die Mittel bereitgestellt hat. Ferner meinen verehrten Lehrer, Prof. D. Ernst Fuchs, der die Arbeit an diesem Buch begleitet und es als Dissertation angenommen hat.

Dieser Ausgabe fehlt der Anmerkungsteil, in dem ich meine Auslegung im Gespräch mit anderen Exegeten verantworte. Wer wissen will, wieviel ich anderen verdanke und wo ich von anderen Auslegungen abgegangen bin und warum, der möge diesen Teil des Buches in der vollständigen Ausgabe nachlesen.

Weihnachten 1977   Eta Linnemann

VERZEICHNIS
DER BEHANDELTEN GLEICHNISSE

Mk 4,3—9.14—20 / Mt 13,3—9.18—23 / Lk 8,4—8.11—14 *Der viererlei Acker (der Sämann)* S. 11 ff.; 18; 46; 112 ff.

Mk 4,26—29 *Die von selbst wachsende Saat* S. 7; 12 f.

Mk 4,30—32 / Mt 13,31 f. / Lk 13,18 f. *Das Senfkorn* S. 7; 12; 19 f.

Mk 12,1—12 / Mt 21,33—46 / Lk 20,9—19 *Die bösen Weingärtner* S. 11; 15; 18 f.; 21; 24; 30 f.

Mk 13,33—37 / Lk 12,35—38 *Der Türhüter* S. 19

Mt 7,9—11 / Lk 11,11—13 *Der bittende Sohn* S. 7; 27

Mt 11,16—19 / Lk 7,31—35 *Die spielenden Kinder* S. 19

Mt 13,24—30.36—43 *Das Unkraut unter dem Weizen* S. 11; 18; 20; 46 f.

Mt 13,33 / Lk 13,20 f. *Der Sauerteig* S. 7; 19

Mt 13,44 *Der Schatz im Acker* S. 7; 19 f.; 41; 44; 47; 95 ff.

Mt 13,45 f. *Die kostbare Perle* S. 7; 19 f.; 41; 44; 47; 95 f.

Mt 13,47—50 *Das Fischnetz* S. 11; 20; 46 f.; 94

Mt 18,12—14 / Lk 15,4—7 *Das verlorene Schaf* S. 7; 9; 17 f.; 20; 28; 41; 44; 62 ff.

Mt 18,21—35 *Der Schalksknecht* S. 13; 15 f.; 18 ff.; 44; 103 ff.

Mt 20,1—16 *Die Arbeiter im Weinberg* S. 14 f.; 17 f.; 21; 28 f.; 31; 41; 44; 46; 79 ff.

Mt 21,28—32 *Die ungleichen Söhne* S. 8; 15 f.; 17; 19

Mt 22,1—14 / Lk 14,15—24 *Das große Abendmahl (die königliche Hochzeit)* S. 8 ff.; 14 f.; 17 ff.; 25; 28; 30 f.; 41; 46; 86 ff.

Mt 24,45—51 / Lk 12,42—46 *Der mit der Aufsicht betraute Knecht* S. 15; 18 f.

Mt 25,1—13 *Die klugen und törichten Jungfrauen* S. 11; 16 f.; 19 f.; 25; 27; 46; 122

Mt 25,14—30 / Lk 19,12—27 *Die anvertrauten Gelder* S. 15 f.; 18 f.; 46 f.

Lk 7,41—43 *Die beiden Schuldner* S. 15; 18 f.

Lk 10,25—37 *Der barmherzige Samariter* S. 8; 15; 17 ff.; 49 ff.

Lk 11,5—8 *Der bittende Freund* S. 7; 15 ff.; 46

Lk 12,16—21 *Der törichte Reiche* S. 8 f.; 18 f.; 24; 46

Lk 13,6—9 *Der unfruchtbare Feigenbaum* S. 18

Lk 14,28—30 *Der Turmbau* S. 7

Lk 15,8—10 *Der verlorene Groschen* S. 7; 9; 18; 28; 41; 62 ff.

Lk 15,11—32 *Der verlorene Sohn* S. 13; 15; 17 ff.; 28 ff.; 71 ff.

Lk 16,1—8 *Der ungerechte Haushalter* S. 7; 9; 15 f.; 19; 46

Lk 16,19—31 *Der reiche Mann und der arme Lazarus* S. 8; 18 f.

Lk 17,7—10 *Der Knechtslohn* S. 7; 15; 18 ff.

Lk 18,1—8 *Der ungerechte Richter* S. 8; 15—19; 47; 117 ff.

Lk 18,9—14 *Pharisäer und Zöllner* S. 8 f.; 15; 17 ff.; 46 f.; 56 ff.

INHALT

Grundsätzliches zur Gleichnisauslegung

I. Gleichnis, Parabel, Beispielgeschichte, Allegorie . . 7
II. Die Erzählungsgesetze von Gleichnis und Parabel . 12
III. Einleitungsformeln und Anwendungen 19
IV. Das Gleichnis als Weise der Unterredung 21
V. Die Struktur der Gleichnisrede 25
VI. Die Gleichnisse als Sprachgeschehen 32
VII. Die Gleichnisse als Jesuswort 35
VIII. Die Gleichnisse als Bibeltext 43

Auslegungen

1. Die Erzählung vom barmherzigen Samariter (Lk. 10, 25—37) 49
2. Pharisäer und Zöllner (Lk. 18, 9—14) 56
3. Die Gleichnisse vom Verlorenen (Mt. 18, 12—14 / Lk. 15, 1—10) 62
4. Die Parabel vom verlorenen Sohn (Lk. 15, 11—32) . 71
5. Die Parabel von den Arbeitern im Weinberg (Mt. 20, 1—16) 79
6. Das große Abendmahl (Lk. 14, 15—24 / Mt. 22, 2—14) 86
7. Die einmalige Gelegenheit (Mt. 13, 44—46) 95
8. Die Parabel vom Schalksknecht (Mt. 18, 21—35) . . 103
9. Das Gleichnis vom viererlei Acker und seine Deutung (Mk. 4, 1—9. 14—20) 112
10. Der ungerechte Richter (Lk. 18, 1—8) 118
11. Die Parabel von den klugen und den törichten Jungfrauen (Mt. 25, 1—13) 123

GRUNDSÄTZLICHES ZUR GLEICHNISAUSLEGUNG

I. GLEICHNIS, PARABEL, BEISPIELERZÄHLUNG, ALLEGORIE

Das Gleichnis ist eine allgemein gebräuchliche Stilform der Rede. Jesus war keineswegs der erste Gleichniserzähler. Er hat diese Stilform nicht neu geprägt, sondern übernommen, wobei man allerdings sagen muß, daß er sie mit besonderer Meisterschaft gehandhabt hat.

Mit dem Begriff des Gleichnisses werden mehrere Gattungen ‚bildlicher' Rede umfaßt, die ihre charakteristischen Besonderheiten haben, deren Kenntnis für die Auslegung der Texte unabdingbar ist . Diese Gattungen sind: 1. das Gleichnis — wobei der Begriff hier in einem engeren Sinne genommen ist, 2. die Parabel, 3. die Beispielerzählung, 4. die Allegorie.

Gleichnis und Parabel

Im weiteren Sinne genommen, schließt das Gleichnis die Parabel mit ein, im engeren Sinne gebraucht, stellt man es der Parabel gegenüber.

Das *Gleichnis* erzählt „einen typischen Zustand oder typischen bzw. regelmäßigen Vorgang", die *Parabel* „einen interessierenden Einzelfall" .

„Das Bild im *Gleichnis* ist der jedermann zugänglichen Wirklichkeit entnommen, weist hin auf Dinge, die jeden Tag geschehen, auf Verhältnisse, deren Dasein der schlechteste Wille anerkennen muß" : So geht es immer zu, wenn Sauerteig ins Mehl gegeben wird (Mt. 13,33), wenn man Senfsaat aussät (Mt. 13,31 f.), wenn Korn zur Ernte heranreift (Mk. 4, 26—29). So wird sich jeder Herr gegen seinen Knecht verhalten (Lk. 17, 7—10), so wird jeder Vater seinem Sohne gute Gaben geben (Lk. 11, 11—13). So wird sich ein jeder Mann freuen, der sein verlorenes Schaf, eine jede Frau, die ihren Groschen wiederfindet (Lk. 15, 4—10). Und würde nicht jeder Mensch alles tun, um einen Glücksfund an sich zu bringen (Mt. 13, 44—46)? Manche Gleichnisse beginnen deshalb mit den Worten: „Wer unter euch ...?" (Lk. 11, 5; 11, 11; 14, 28; 15, 4; 17, 7 u. a.)

In den *Parabeln* dagegen werden uns frei erfundene Geschichten erzählt. „Nicht, was jeder tut, was gar nicht anders sein kann, wird uns vorgehalten, sondern was einmal jemand getan hat, ohne zu fragen, ob andere Leute es auch so machen würden." „Es war ein reicher Mann, der hatte einen Haushalter ..." (Lk. 16, 1). „Es hatte ein Mann zwei Söhne ..."

(Mt. 21, 28). „Es war ein Mensch, der veranstaltete ein großes Abendessen..." (Lk. 14, 16). „Es war ein Richter in einer Stadt..." (Lk. 18, 2). Das sind die typischen Anfänge der Parabeln.

„Das *Gleichnis* beruft sich auf Allgemeingültiges, die *Parabel* auf einmal Vorgekommenes... Das Gleichnis beugt jeder Opposition vor, indem es nur von Unzweifelhaftem redet, die Parabel hofft jeder Opposition auszuweichen, indem sie so hinreißend, so warm und frisch erzählt, daß der Hörer gar nicht an Einwürfe denkt. Sie macht ihm die Sache so wahrscheinlich, daß er nicht nach der Wahrheit fragt. Durch ihre *Anschaulichkeit* ersetzt die Parabel, was das Gleichnis durch die Autorität des allgemein Bekannten und Anerkannten voraus hat. Die Parabel steht sogar höher, weil sie feiner ist, die Tendenz weniger merken läßt. Das Gleichnis operiert mit ‚niemand', mit ‚kein', mit ‚jeder Mensch', mit ‚wann immer', ‚so oft nur' usw., es sucht den Hörer durch die Wucht des ‚Überhaupt', des ‚semper, ubique et ab omnibus' gleichsam zu erdrücken. Die Parabel verzichtet vornehm auf dies Machtmittel, sie bittet: Hörer, laß Dir nur einen Fall erzählen, wenn der Dich nicht gewinnt, will ich stille sein ... Das Individuelle tritt in tadelloser Objektivität vor die Augen des Hörers, nie erlaubt sich der Erzähler mit seinem Urteil, seiner Empfindung durch die Maschen seines Netzes hindurchzugucken. Aber die Parabel ist gleich der Sibylle durch Verzichten reicher geworden; den Eindruck des Gesetzes, dem man sich unterordnen müsse, schafft eine gut erfundene Geschichte noch sicherer, als wenn gleich im voraus verkündigt wird: Gesetzmäßigerweise muß unter den und den Umständen jeder so handeln."

Die Beispielerzählung

Von den Gleichnissen und Parabeln werden die Beispielerzählungen unterschieden. Man zählt darunter in den Evangelien die Geschichte vom barmherzigen Samariter (Lk. 10, 29—37), vom törichten Reichen (Lk. 12, 16—21), vom reichen Mann und armen Lazarus (Lk. 16, 19—31) und vom Pharisäer und Zöllner (Lk. 18, 9—14).

Die Beispielerzählungen haben mit den Parabeln gemein, daß sie erfundene Geschichten sind und denselben Erzählungsgesetzen[a] unterliegen. Ebenso wie jene wollen auch sie Beweismittel[b] sein. Aber die Wirkungsweise ist verschieden. *Die Parabelerzählung bringt eine Entsprechung (analogia) zur Sache, die Beispielerzählung einen Musterfall (exemplum).* Die Parabel gewinnt ihre Beweiskraft daraus, daß man das, was man in

---
[a] Vgl. u. S. 13 ff.
[b] Vgl. u. S. 25 f.

dem einen Falle anerkennt, in einem genau entsprechenden anderen
schlecht abstreiten kann. Die Beispielerzählung wirkt dadurch, daß die
Wirklichkeit selber, nach dem Zeugnis des Musterfalles, dem Erzähler in
der Sache Recht zu geben scheint[c].

An einigen Beispielen wird uns der Unterschied zwischen Beispielerzählung und Parabel bzw. Gleichnis noch deutlicher werden:

In den Gleichnissen vom Verlorenen (Lk. 15,1—10) und der Beispielerzählung vom Pharisäer und Zöllner geht es gleicherweise um Jesu Verhalten zu Zöllnern und Sündern und die Stellung der Sünder vor Gott. In den Gleichnissen liegt eine Entsprechung (Analogie) zur Sache vor: Am verlorenen Schaf und verlorenen Groschen wird vergegenwärtigt, was Verlieren und Wiederfinden bedeutet, damit das, was den Hörern im Blick auf ein Schaf oder einen Groschen selbstverständlich ist, in bezug auf die Zöllner und Sünder geltend gemacht werden kann. Die Beispielerzählung dagegen nennt Zöllner und Pharisäer direkt. Sie führt einen (bestimmten) Pharisäer und einen (bestimmten) Zöllner vor in einer Situation, die beispielhaft zeigt, worum es geht.

Auch der Vergleich der Parabel vom ungerechten Haushalter (Lk. 16,1—8) mit der Beispielerzählung vom törichten Reichen (Lk. 12,16—21) läßt diesen Unterschied erkennen. Beide wollen den Hörern ein kluges, umsichtiges Verhalten nahelegen (in diesem Punkte stimmen sie überein; im übrigen ist ihr Sinn verschieden). Die Parabel führt das Verhalten, das die Situation erfordert, an einem entsprechenden (analogen) Verhalten aus dem Wirtschaftsleben vor. Die Beispielerzählung bringt einen zur Sache gehörenden Musterfall. Bei der Parabel soll die Wertung, zu der die Erzählung nötigt, auf eine andere Ebene (vom ‚Bild‘ auf die ‚Sache‘) übertragen werden. Bei der Beispielerzählung bezieht sie sich direkt auf die Sache und bedarf nur der Verallgemeinerung .

Die Allegorie

Wie die Parabel, so ist auch die Allegorie eine zusammenhängende, frei
erfundene Erzählung und wird genau wie jene nicht erzählt, um zu unterhalten, sondern um den Hörern etwas zu verstehen zu geben. Aber darin
erschöpft sich schon die Gemeinsamkeit von Parabel und Allegorie.

„Die Allegorie will uns eine ... Wahrheit in ausdrucksvoller Form vor
die Seele stellen, indem sie dieselbe in einer Reihe von Bildern malt, die
das in Wahrheit Gemeinte andeuten und doch verhüllen." Sie hat ihren
Namen daher bekommen, daß sie etwas anderes sagt, als sie meint.

Die Allegorie Mt. 22,1—14 z.B. redet von Knechten und *meint* Propheten und Apostel; sie redet von einem König und *meint* Gott; sie redet von widerspenstigen Gästen, die die Boten, welche sie zum Mahle laden, mißhandeln und töten und *meint* das Volk Israel, das da „tötet die Propheten und steinigt, die zu ihm gesandt werden" (Mt. 23,37); sie redet von der Strafexpedition des Königs gegen die widerwilligen Gäste, die deren Stadt zerstört, und *meint* die Zerstörung Jerusalems usf.

Die Allegorie Ez. 17,1—10 redet vom Adler und meint den König von Babel; sie redet von einem Zweig aus dem Wipfel der Zeder und meint den König und die Fürsten

---

[c] In Wahrheit hat der Erzähler dem Musterfall den Sinn eingeprägt, den für ihn die Wirklichkeit hat, und in demselben Maße, wie der Musterfall als ein Stück Wirklichkeit erscheint und der Erzähler hinter der Erzählung zurücktritt, ist die Erzählung ein Meisterstück der Regie des Erzählers — ohne daß ihm das bewußt zu sein brauchte.

Judas; sie redet von einem Sprößling des Landes und meint einen Sprößling des Königshauses usf.

Die Parabel meint dagegen, was sie sagt.

Lk. 14,15—24 z. B. ist der Gastgeber ein Mensch, der zu einem Feste einlädt. Der Bote ist ein beliebiger Sklave, die Gäste sind Bekannte und Freunde des Gastgebers. Alles was die Parabel sagt, ist *eigentlich* gemeint.

Die Allegorie nennt aber nicht etwas Beliebiges an Stelle des Gemeinten, sondern etwas, das dem Gemeinten ähnlich ist.

Diese Ähnlichkeit braucht allerdings nicht offen zutage zu liegen, sie kann auch lediglich behauptet sein. Die Beziehung zwischen dem Genannten und dem Gemeinten können wir uns an den Schimpfwörtern klarmachen. „Nennen diese ein Tier, so meinen sie eigentlich nicht das, was sie nennen, sondern den, auf den das Schimpfwort gemünzt ist. Sie wollen den Beschimpften sozusagen um seinen ihm eigenen Namen bringen." Sie schieben ihm einen neuen Namen zu und behaupten damit — Name ist der Ausdruck des Wesens — daß er sei, wie er genannt wird.

Es wird also eine Wertung vollzogen, wenn etwas anderes genannt wird, als gemeint ist. „Das neu Genannte soll ... an eine Einstellung erinnern, die gegenüber dem eigentlich Gemeinten eingenommen werden soll." Damit sind wir bei der entscheidenden Funktion der Allegorie: Sie teilt eine Wertung der Sache mit, damit sie von den Hörern bzw. Lesern geteilt werden soll. Sie tut das, indem sie ein ‚Bild' vor die ‚Sache' stellt, hinter dem diese — scheinbar — verschwindet. Genau genommen geht es dabei so zu, als ob zwei Pausen übereinandergelegt würden, von denen die untere die Umrisse, die obere die Farben enthält: Die Allegorie ist in ihrem ganzen Umfang für die Sache, um die es dem Verfasser bei der allegorischen Erzählung geht, transparent. Sie erhält von ihr die Umrisse: Die Erzählung ist der Sache nachgeformt, und sie gibt ihr die Farbe: Sie teilt dem Sachverhalt die Wertung mit.

Sehr deutlich zeigt sich in der Allegorie Mt. 22,1—14, wie die Erzählung der Sache nachgeformt ist: Obwohl V.4 die Mahlzeit schon bereit ist, werden erst nach der Strafexpedition die neuen Gäste eingeladen. In den Erzählungsablauf kommt dadurch ein unnatürlicher Zug.

Noch deutlicher zeigt sich das gleiche in der Allegorie Ez. 17. Dort heißt es in V.7: Der Weinstock wendet seine Wurzeln dem Adler zu! Nur von der Sache her läßt sich dieser Zug verstehen.

Wie die Erzählung der Sache die Wertung mitteilt, zeigt sich bei Ez. 17, besonders an V. 5: An reichlichen Wassern als Ufergewächs, d. h. unter den bestmöglichen Bedingungen war der Weinstock gesetzt — um so verwerflicher muß sein späteres Verhalten erscheinen. Im Bilde wird hier gesagt, was in der geschichtlichen Situation nicht augenscheinlich sein kann. (Man beachte, daß dieser Zug in der Deutung der Allegorie 17,11 ff. keine Entsprechung hat.)

Bei Mt. 22 ergibt sich die Wertung daraus, daß der Mord und Totschlag an den Knechten des Königs zur Antwort auf die allerfreundlichste Einladung zur Hochzeit gemacht wird.

Eine Allegorie kann man demnach nur verstehen, wenn man nicht nur die allegorische Erzählung vor Augen hat, sondern auch den Sachverhalt, auf den sie sich bezieht. Wer diesen Schlüssel nicht hat, der kann zwar die Worte lesen, aber der tiefere Sinn bleibt ihm verborgen. Allegorien können deshalb dazu dienen, verschlüsselte Nachrichten zu übermitteln, die nur dem Eingeweihten kenntlich sind. In jedem Falle gilt, daß zwischen ihrem Verfasser und dem Adressaten ein Einverständnis bestehen muß. Ohne dieses Einverständnis kann die Allegorie nicht wirksam werden: Die Adressaten werden sie nicht verstehen oder nicht gelten lassen. Darin besteht ein wesentlicher Unterschied zwischen Allegorie und Parabel. Die Parabel redet (mit Vorliebe) zu Gegnern, die Allegorie zu Eingeweihten. Die Parabel dient dazu, einen Gegensatz zu überbrücken, die Allegorie setzt ein Einverständnis voraus.

Für den Nicht-Eingeweihten ist die Allegorie ein Rätselwort, das der Deutung bedarf. Da die allegorische Erzählung in vollem Umfange für den Sachverhalt, auf den sie sich bezieht, transparent ist, muß jeder Zug der Allegorie gedeutet werden. Bei einer Parabel dagegen wäre solch eine Übertragung der Einzelzüge völlig verfehlt; bei ihr kommt es auf den einen Vergleichspunkt[d] an.

Ein Musterbeispiel dafür, wie eine Allegorie zu deuten ist, finden wir bei Ezechiel im 17. Kapitel: Jedem Zug der allegorischen Erzählung, der in V. 3—10 ‚genannt‘ ist, entspricht in V. 12—21 ein Sachverhalt, der ‚gemeint‘ ist.

Die Zahl der Allegorien in den Evangelien ist gering. Der einzige Text, den wir mit Sicherheit als Allegorie ansehen dürfen, ist die Perikope von der königlichen Hochzeit (Mt. 22, 1—14). Sie ist jedoch eine spätere Umformung der Parabel vom großen Abendmahl (Lk. 14, 15—24). Den Gleichnissen vom Sämann (Mk. 4, 3—9), vom Fischnetz (Mt. 13, 47 f.) und vom Unkraut unter dem Weizen (Mt. 13, 24—29) ist zwar eine Auslegung beigegeben, in der sie nach Art einer Allegorie Zug um Zug gedeutet werden, aber es läßt sich mit weitgehender Sicherheit sagen, daß diese Deutungen nicht ursprünglich sind. Sieht man jedoch von der Deutung ab, dann machen zum mindesten die Gleichnisse vom Sämann und vom Fischnetz nicht den Eindruck einer Allegorie. Zwei weitere Gleichnisse, die — m. E. zu Unrecht — in dem Verdacht stehen, Allegorien zu sein, sind die Parabeln von den bösen Weingärtnern (Mk. 12, 1—12) und den klugen und törichten Jungfrauen (Mt. 25, 1—13).

Jahrhundertelang hat man jedoch sämtliche Gleichnisse Jesu als Allegorien verstanden und gedeutet. Schon bei den Evangelisten lassen sich

---

[d] Siehe u. S. 26.

die Spuren dieser Auffassung nachweisen. Erst Jülicher hat in seinem umfassenden Werk über die Gleichnisse unwiderleglich nachgewiesen, daß die Gleichnisreden Jesu keine Allegorien sind. Diese Erkenntnis wird heute — zumindest was den Hauptbestand der Gleichnisse angeht — von sämtlichen Auslegern geteilt. Nur darüber läßt sich noch streiten, ob Jesus *neben* den Gleichnissen und Parabeln auch die eine oder andere Allegorie verfaßt hat.

II. DIE ERZÄHLUNGSGESETZE VON GLEICHNIS UND PARABEL

Gleichnisse und Parabeln sind nicht um ihrer selbst willen da wie Märchen, Sagen, Rätsel oder Lieder, sondern sie dienen einem bestimmten Zweck. Ihrer Aufgabe entsprechend unterliegen sie besonderen Gesetzen: sie werden *zweckdienlich* formuliert.

A. *Das Gleichnis* greift einen regelmäßigen oder typischen Vorgang auf: Es entnimmt seinen Stoff also der Wirklichkeit. Wirkliches Geschehen ist immer vielfältig, komplex. Um den Vorgang, der als Gleichnis dienen soll, klar herauszustellen, muß der Erzähler ihn für sich nehmen und von allen übrigen absehen, die in der Wirklichkeit mit ihm verbunden sind.

Beim Gleichnis vom Senfkorn (Mk. 4, 30—32) z. B. kommt es dem Erzähler darauf an, daß das sprichwörtlich kleinste Samenkorn eine Staude so groß wie ein Baum hervorbringt. Das bedeutet sicher auch, daß es einen sehr großen Ertrag bringt. Aber darauf kommt es dem Erzähler nicht an. Er sieht davon ab, während er den Größenunterschied zwischen Samen und Pflanze hervorhebt.

Im Gleichnis vom Sämann (Mk. 4, 3—9) dagegen sieht der Erzähler völlig ab vom Größenunterschied zwischen Samenkorn und Ähre, betont statt dessen den Ernteertrag: dreißigfältig, sechzigfältig, hundertfältig.

Beim Gleichnis von der selbstwachsenden Saat (Mk. 4, 26—29) sieht der Erzähler ab von dem Ertrag oder dem Größenunterschied zwischen Samenkorn und Pflanze und betont dagegen, daß das Korn, wenn es einmal gesät ist, ohne Zutun des Bauern zur Ernte heranreift.

Aus einem Wirklichkeitsbereich können die verschiedensten Züge für ein Gleichnis aufgegriffen werden — wie der Vergleich von Jesu Erntegleichnissen zeigt. Dabei kommt es aber jeweils nur auf den einen an; von den übrigen wird abgesehen. Der Gleichniserzähler bedient sich der verschiedensten erzählerischen Mittel, um den Zug, auf den es ihm ankommt, auf Kosten der übrigen zu betonen:

Er gliedert die entscheidende Aussage auf und sichert ihr dadurch eine größere Breite: ,Von selbst bringt die Erde Frucht, zuerst den Halm, danach die Ähre, danach den vollen Weizen in die Ähre.' Die Zerlegung kann er mit einer Steigerung verbinden: ,dreißigfältig, sechzigfältig, hundertfältig.' Er kann die Gegenüberstellung benutzen: ,das kleinste aller Samenkörner — größer als alle Sträucher'; ,er läßt die neunundneunzig in den Bergen und sucht das eine; und wenn ... er's findet, freut er sich darüber mehr als über die neunundneunzig.'

Das sind nur einige Beispiele aus der Vielzahl der Möglichkeiten, die einem geübten Erzähler zu Gebote stehen.

Der Erzähler gibt dem Gleichnisstoff diejenige Fassung, die am deutlichsten zeigt, worin das Gemeinsame bestehen soll zwischen dem Vorgang, den das Gleichnis schildert, und der Sache, auf die es gemünzt ist. Es darf keine Unklarheit darüber bestehen, in welcher Hinsicht beide vergleichbar sind. Der *Vergleichspunkt,* das ,tertium comparationis' muß deutlich herauskommen. Gewöhnlich richtet der Erzähler es so ein, daß dieser am Schluß des Gleichnisses steht, daß Schlußpunkt und Höhepunkt des Gleichnisses in eins fallen. So ist es besonders einprägsam.

Nur was unmittelbar auf diesen Vergleichspunkt Bezug hat, wird gesagt. Ein Gleichnis wird so knapp wie möglich formuliert. Ausschmückungen sind stets als spätere Zutaten verdächtig. Der Erzähler meidet sie, denn sie lenken die Aufmerksamkeit der Hörer vom Vergleichspunkt ab.

B. *Die Parabel* greift nicht wie das Gleichnis einen typischen Vorgang der Wirklichkeit auf, sondern bringt eine frei erfundene Geschichte. Diese Geschichte aber — zu einem bestimmten Zweck erfunden — ist nicht anders als das Gleichnis zweckdienlich formuliert.

Alle Freiheit, die der Verfasser einer frei erfundenen Geschichte hat, ist bei der Parabel in den Dienst der Wirkung gestellt, die diese beim Zuhörer erzielen soll. Wie ein guter Regisseur sorgt der Erzähler für diejenige Anordnung der Personen, Kulissen und Requisiten, die seinen Absichten am besten entspricht:

Sein Mitknecht, der bei ihm Schulden hat, läuft dem ,Schalksknecht' (Mt. 18, 23—35) gerade in dem Augenblick über den Weg, als er vom König hinausgeht, der ihm seine große Schuld erlassen hat: Erst durch dieses zeitliche Zusammentreffen — ein Kunstgriff der Regie — erscheint dem Zuhörer das Urteil des Königs in V.33: ,Auch Du hättest Dich erbarmen müssen!' als zwingend. Die Parabel bliebe wirkungslos, wenn erzählt würde: ,Einige Jahre später traf der Knecht einen seiner Mitknechte.'

Der Vater sieht den ,verlorenen Sohn' (Lk. 15,11—32) schon von weitem: Durch diesen Zug schafft der Erzähler Raum für die Gebärde, daß der Vater dem Sohn entgegeneilt.

Der ältere Sohn kommt erst vom Felde, als das Fest schon in vollem Gange ist (Lk. 15,25): Auch dieser unwahrscheinliche Zug dient der Dynamik der Erzählung: Er läßt den Protest des Älteren gegen das Fest sichtbar werden in der Weigerung, hineinzugehen, und die Zuwendung des Vaters zu seinen Söhnen in der Wiederholung der Gebärde des Hinausgehens.

Der Verwalter erhält vom Weinbergbesitzer (Mt. 20, 1—16) den Befehl, mit der Lohnauszahlung bei den Letzten zu beginnen: Durch diesen Kunstgriff werden die Ersten zu Zeugen der großzügigen Entlohnung der Letzten gemacht, wie es für den Fortgang der Erzählung nötig ist.

Der Weinbergbesitzer ist bei der Lohnzahlung anwesend, obwohl das nicht üblich ist, wenn diese vom Verwalter vorgenommen wird. Die Regie sichert dadurch den flüssigen Ablauf der Erzählung: nur so kann sich der Dialog zwischen dem murrenden Tagelöhner und dem Besitzer unmittelbar an die Lohnzahlung anschließen [a].

Der Hörer einer Parabel läßt sich eine solche Regie durchaus gefallen, solange sie nur den Rahmen des Wahrscheinlichen, nicht aber den des Möglichen sprengt. Wenn die Erzählung als Ganzes glaubwürdig erscheint, fallen für ihn kleine Abweichungen von dem, was in der Realität normalerweise üblich ist, nicht ins Gewicht.

Wie das Gleichnis, so ist auch die Parabel so angelegt, daß der Vergleichspunkt deutlich herauskommt. Die Parabelerzählung zeigt ein starkes, eindeutiges Gefälle, das durch den Vergleichspunkt bestimmt ist. Ohne Aufenthalt und ohne Umweg läuft die Erzählung auf den Vergleichspunkt zu. Sämtliche Einzelzüge der Erzählung nehmen an dieser dramatischen Bewegung teil und haben eine Funktion im Ablauf der Erzählung. Erst wenn der Erzählungsablauf an sein Ziel gelangt ist, wird der Hörer aus der Spannung entlassen.

Wie die Einzelzüge der Parabel in das Gefälle der Erzählung einbezogen sind, läßt sich an folgendem Doppelbeispiel beobachten:

Zu den auffälligsten Zügen der Parabel vom großen Abendmahl (Lk. 14,16—24) gehört die *doppelte* Einladung von Lückenbüßern. Sie erweist sich jedoch als notwendig für den Ablauf der Parabel: Der Vergleichspunkt ist die Ankündigung des Gastgebers, daß keiner der säumigen Gäste das Mahl zu schmecken bekommt. Diese Ankündigung setzt die Maßnahmen voraus, die der Hausherr getroffen hat, um die erstgeladenen Gäste auszuschließen. Sie laufen darauf hinaus, daß das Haus voll werden soll, damit für jene kein Platz mehr bleibt. Um des Vergleichspunktes willen muß der Erzähler die Absicht des Gastgebers, das Haus bis auf den letzten Platz zu besetzen, möglichst wirkungsvoll erzählen. Der Befehl zur (ersten) Einladung von Lückenbüßern in V. 21 bietet keine Möglichkeit dafür, denn zunächst muß vom Zorn des Gastgebers die Rede sein. Der Erzähler bedient sich deshalb die abermaligen Redewechsels zwischen Knecht und Herr (V. 22 f.), um das Motiv anzubringen. Er greift es nicht nur in der Frage des Knechtes auf (,es ist noch Raum da'), sondern auch in der Antwort des Herrn (,auf daß mein Haus voll werde') und erreicht durch diese Verdoppelung, daß es nicht überhört werden kann.

Die Variante der Parabel vom großen Abendmahl, die ,königliche Hochzeit' (Mt. 22, 2—5. 8—9) [b] hat einen anderen Vergleichspunkt. Folgerichtig fehlt das Motiv, daß das

---

[a] Vgl. jetzt auch Eichholz, Das Gleichnis als Spiel S. 318: „So ... ist zu sagen ..., daß im Dienst der Aussage oft genug eine Geschichte erzählt wird, die alles andere als alltäglich ist, ... Einzelszenen und Szenenfolgen, Monologe und Dialoge, führende Rollen und Nebenrollen ... werden *inszeniert*, wie sie im Dienst der Aussage gebraucht werden."

[b] Wir unterscheiden zwischen der *Allegorie* Mt. 22,2—14 und den dieser Allegorie zugrunde liegenden *Parabeln* Mt. 22,2—5. 8—9 und Mt. 22,11—13. In der *Parabel* von der königlichen Hochzeit sehen wir eine spätere Variante der Parabel vom großen Abendmahl.

Haus voll werden soll und mit ihm die doppelte Einladung von Lückenbüßern. Der Vergleichspunkt lautet hier: „Die Gäste waren's nicht wert!" (V. 8). Beim Vergleich dieser Variante mit dem Lukastext fällt auf, daß der Gastgeber hier ein König ist, ferner, mit welcher Ausführlichkeit die zweite Einladung zur Stunde des Mahles gestaltet ist. Nun hängt aber die Unwürdigkeit der Gäste in diesem Falle an der Würdigkeit des Gastgebers. Diese muß außer Zweifel stehen. Die Nennung des Königs liegt also im Gefälle der Erzählung, wenngleich hier das stehende Bild König = Gott aufgegriffen ist. Die ausführliche Fassung der Einladung streicht den Wert derselben heraus. Um so leichter werden dann die Hörer dem Urteil in V. 8 zustimmen. Sie ist also keine überflüssige Ausschmückung, sondern lenkt das Gefälle der Erzählung dem Vergleichspunkt zu.

Der Vergleichspunkt bildet den Schluß der Parabel. Der Ausgang der Geschichten wird nicht erzählt: Der Hörer erfährt nicht, ob der murrende Tagelöhner dem Besitzer doch noch Recht gibt (Mt. 20, 1—16), ob der ältere Sohn sich bewegen läßt, an der Freude des Vaters teilzunehmen (Lk. 15, 11—32), ob der Verwalter mit seinem Betrug das gesteckte Ziel erreicht (Lk. 16, 1—8). Seine Aufmerksamkeit würde sonst an den Personen der Erzählung hängenbleiben und sich nicht, wie der Erzähler will, der Sache zuwenden, auf die die Parabel gemünzt ist.

C. Im übrigen unterliegen die Parabeln den *Gesetzen volkstümlicher Erzählweise*. Wir bedienen uns mit Dank der Zusammenstellung dieser Stilgesetze, die Rudolf Bultmann in seiner ‚Geschichte der synoptischen Tradition' gegeben hat:

„Charakteristisch ist die *Knappheit* der Erzählung. Es treten nur die notwendigen *Personen* auf; so fehlt in der Geschichte vom verlorenen Sohn die Mutter, in der Parabel vom bittenden Freund die Frau des gestörten Schläfers. Mehr als drei Hauptpersonen treten nie auf; meist sind es deren nur zwei: Sklave und Herr (Lk. 17, 7 ff.), die Witwe und der Richter (Lk. 18, 1 ff.), der bittende und der gebetene Freund (Lk. 11, 5 ff.) … der Pharisäer und der Zöllner (Lk. 18, 9 ff.) usw. Oft sind es auch drei: der Gläubiger und die beiden Schuldner (Lk. 7, 41 f.), der König und seine beiden Schuldner (Mt. 18, 23 ff.), der Vater und die beiden ungleichen Söhne (Mt. 21, 28 ff.) u. a. Sind es nicht zwei bzw. drei Personen, so zwei bzw. drei Parteien oder Gruppen: die bösen Winzer und der Herr (Mk. 12, 1 ff.), der Gastgeber und die Geladenen (Lk. 14, 16 ff.), der Herr des Weinbergs und die Arbeiter (Mt. 20, 1 ff.), der Herr und seine Diener (Mt. 25, 14 ff.) usw. Denn *Gruppen* werden als eine Person behandelt (die bösen Winzer Mk. 12, 1 ff., die Mitknechte Mt. 18, 31; 24, 49 usw.) und nur soweit nötig differenziert (die sich entschuldigenden Gäste Lk. 14, 18 ff., die zu verschiedener Stunde gemieteten Arbeiter Mt. 20, 1 ff., die Schuldner Lk. 16, 5 ff., der Priester und der Levit Lk. 10, 29 ff. usf.). Es herrscht das Gesetz der *szenischen Zweiheit*, d. h. nur zwei Personen treten gleichzeitig redend oder handelnd auf. Sind andere anwesend, so bleiben sie unberücksichtigt. Müssen mehrere reden oder handeln, so geschieht es in einzelnen Szenen nacheinander. Nacheinander bearbeitet der Verwalter die Schuldner seines Herrn (Lk. 16, 5—7); nacheinander fordert der Vater die Söhne auf, in seinen Weinberg zu gehen (Mt. 21, 28—30); die Diener mit den anvertrauten Kapitalien kommen einer nach dem andern zu ihrem Herrn, und der Herr nimmt nicht etwa zuerst den Bericht von allen dreien entgegen, um dann Lohn und Strafe zu verteilen, sondern jeder erhält gleich nach seinem Bericht seine Vergeltung (Mt. 25, 19 ff.).

Ebenso herrscht *Gradlinigkeit bzw. Einsträngigkeit der Erzählung*, d. h. der Blick ruht nie auf zwei sich gleichzeitig nebeneinander abspielenden Vorgängen. In der Parabel vom verlorenen Sohn ist alles vom Standpunkt des Sohnes aus erzählt; wie der Vater den Abschied des Sohnes empfindet und was er während seiner Abwesenheit denkt, bleibt deshalb außer Betracht. Ähnlich ist die Parabel vom unbarmherzigen Knecht erzählt; hier steht freilich abwechselnd der König und der Knecht im Vordergrund, aber auch hier wechseln die Szenen so, daß sie sich nie überschneiden. Was Lk. 11, 5—8 der nächtlich eingetroffene Besuch macht oder denkt, während der Freund zum Nachbarn geht, bleibt unberücksichtigt. Der einzige Fall, wo es anders liegt, ist die lukanische Fassung der Parabel von den anvertrauten Geldern, aber gerade sie beruht auf nachträglicher Bearbeitung; bei Mt. verläuft die Erzählung gradlinig, und wo sich der Herr von seinem ersten bis zu seinem zweiten Auftreten aufhält, ist unberücksichtigt.

Die *Charaktere* werden nur selten durch ein Attribut geschildert, wie der Richter, der weder Gott noch Menschen fürchtet (Lk. 18, 2) oder die zehn Jungfrauen, von denen fünf töricht, fünf verständig sind (Mt. 25, 2). Meist sind die Personen durch ihr Verhalten, ihre Worte oder ihr Handeln, charakterisiert wie der verlorene Sohn und sein liebevoller Vater ... wie die beiden ungleichen Söhne usw. Oder aber in der Erzählung selbst fällt eine der auftretenden Personen ein charakterisierendes Urteil; so schilt der König den unbarmherzigen Knecht ‚schlechter Knecht'; so werden die beiden ersten Diener, die die anvertrauten Gelder mit Zins abliefern, als ‚gute und treue Knechte' gelobt, der dritte als ‚schlechter und fauler Knecht' gescholten; so ruft Gott dem reichen Bauern, der nur für das irdische Wohlbehagen sammelte, ein ‚Narr' zu.

Affekte und Motive werden nur genannt, wo sie für die Handlung und die Pointe wesentlich sind. So in der Parabel vom unbarmherzigen Knecht: als der Knecht bittend vor dem König niederfällt, heißt es: ‚der Herr hatte Erbarmen ... und gab ihn frei'; als dann der Knecht herzlos den Mitknecht ins Gefängnis werfen läßt: ‚Als nun seine Mitknechte sahen ... waren sie sehr empört'; endlich als der König das Geschehene hört:

wurde zornig ... und übergab ihn ...' Vom Samariter heißt es, ‚es jammerte ihn', ebenso vom Vater, als er den verlorenen Sohn heimkehren sieht; der Hirte legt das wiedergefundene Schaf ‚voll Freude' auf seine Schultern. Meist wird der Affekt aber nur indirekt zur Darstellung gebracht oder es dem Hörer überlassen, ihn mit eigener Phantasie zu empfinden. Der Affekt des verlorenen Sohnes wird höchstens durch das ‚er ging in sich' angedeutet, im übrigen durch seine Worte und sein Handeln vergegenwärtigt. Ebenso wird die Empfindung des Pharisäers und des Zöllners nur durch ihr Gebet und ihre Geste dargestellt. Eine Schilderung der Affekte fehlt z. B. in den Parabeln vom bittenden Freund, vom gottlosen Richter, von den zehn Jungfrauen.

Nebenpersonen werden nur, soweit es notwendig ist, charakterisiert. Es fehlt Lk. 10, 30—35 sowohl eine Charakteristik des überfallenen Wanderers wie des Wirtes. Die Witwe, die den Richter belästigt, wird, abgesehen von ihrer Hartnäckigkeit, nicht charakterisiert (Lk. 18, 1 ff.); denn auf ihre Motive und deren Berechtigung kommt nichts an. In der Differenzierung von Nebenpersonen waltet die weise Ökonomie der volkstümlichen Erzählungsweise: zwei Schuldner genügen in der Parabel vom ungerechten Haushalter, und ganz parallel, aber mit leiser Variation wird ihre Schuld und die betrügerische Manipulation dargestellt. Drei Typen der Geladenen werden im Gastmahlgleichnis vorgeführt ... In der Parabel vom gleichen Lohn für ungleiche Arbeit treten fünf Gruppen von Arbeitern auf; nur auf die erste und die letzte kommt es an, aber der krasse Gegensatz der Extreme muß durch Übergänge vermittelt werden; die Unwahrscheinlichkeit der Geschichte wäre sonst zu kraß.

Motivierungen fehlen vor allem in der Exposition, weil sie für die Pointe gleichgültig sind. So ist die Bitte des jüngsten Sohnes um Vermögensteilung und seine Reise in die Ferne nicht motiviert (Lk. 15, 12 f.). So erfährt man nicht, warum der Mann Mt. 20, 1 ff. so viele Arbeiter für seinen Weinberg nötig hat, daß er alle drei Stunden ausgeht, neue zu mieten. Wodurch die Reisen der verschiedenen Personen Lk. 10, 29, ff. motiviert sind, wird nicht berichtet. Wie die verschiedene Antwort und das verschiedene Verhalten der beiden Söhne Mt. 21, 28 ff. begründet ist, bleibt außer Betracht ...

Eine ähnliche Ökonomie waltet auch in der *Schilderung der Vorgänge und Handlungen*. Verzichtet wird auf das Unnötige, z. B. wird nicht erzählt, wie der Haushalter das Gut seines Herrn durchgebracht hat. Daß die Witwe dem Richter so zusetzte, wird nicht geschildert, sondern nur ganz kurz angedeutet usw. Im verständlichen Gegensatz dazu wird das, was berichtet wird, sehr konkret gezeichnet: die Schulden der beiden

Schuldner betragen Lk. 7,41 f. 500 und 50 Denare, Mt. 18,23 ff. 10 000 Talente und 100 Denare; Lk. 16,5 ff. sind es 100 Bat Öl und 100 Kor Weizen. Der verlorene Sohn wird Schweinehirt; der Vater bekleidet ihn bei der Heimkehr mit dem Festgewand, schmückt ihn mit einem Ring und läßt das Mastkalb für ihn schlachten. Das Wohlleben des Reichen und die klägliche Lage des armen Lazarus werden plastisch geschildert. Der Lohn für die Arbeiter im Weinberg wird konkret als ein Denar angegeben; zum unfruchtbaren Feigenbaum kam der Besitzer schon drei Jahre vergeblich usw. So entspricht es der volkstümlichen Erzählungsweise.

Ihr entspricht auch die reiche *Verwendung der direkten Rede und des Selbstgesprächs*. Für erstere denke man an die Gleichnisse vom verlorenen Schaf und Groschen [Lk. 15,4—10], vom Herrn und Sklaven [Lk. 17, 7—10], ... oder an die Parabeln vom unfruchtbaren Feigenbaum [Lk. 13, 6—9] (deshalb muß der Weingärtner neben dem Herrn auftreten), vom gleichen Lohn für ungleiche Arbeit [Mt. 20,1—16] (daher auch das Auftreten des Verwalters), von der Unkrautsaat [Mt. 13,24—30], vom Gastmahl [Lk. 14,15—24] usw. ... Selbstgespräch findet sich in den Parabeln vom verlorenen Sohn, vom ungerechten Haushalter [Lk. 16,1—8], vom gottlosen Richter [Lk. 18,1—8], vom reichen Bauern [Lk. 12,16—21], vom untreuen Knecht (Lk. 12,45), von den bösen Winzern (Lk. 20,13 erweitert). Auch die Gebete des Pharisäers und des Zöllners mag man hierher rechnen ...

Auch andere typische Stilformen volkstümlicher Erzählungsweise kann man beobachten wie das *Gesetz der Wiederholung:* zweimal klingt das ‚habe Erbarmen mit mir, und ich will dir alles erstatten' in der Parabel vom unbarmherzigen Knecht. Zweimal hören wir das Selbstbekenntnis des verlorenen Sohnes. Die Rechenschaftsablage der Diener und die Vergeltung wird Mt. 25,20 ff. in diesem Stile geschildert; ähnlich, mit Variation, die Entschuldigung der geladenen Gäste Lk. 14,18 ff., die Manipulationen des Haushalters mit den Schuldnern Lk. 16,5 ff. — Die *Dreizahl* findet sich in der Gastmahlsparabel: drei Typen von Gästen entschuldigen sich; ferner Mt. 25,14 ff.: drei Typen von Dienern, denen Geld anvertraut wird; Lk. 10,29 ff.: Priester, Levit und Samariter kommen des Weges ... — Es herrscht ferner das Gesetz des ‚*Achtergewichts*', d. h. das Wichtigste wird zuletzt geschildert. So am deutlichsten Mk. 4,3 ff.: die fruchtbare Saat wird zuletzt genannt ... Lk. 18,9 ff.: der Zöllner wird nach dem Pharisäer dargestellt. Mt. 25,14 ff.: der Knecht, der das anvertraute Geld nicht verwertet hat, wird, dem ermahnenden Charakter der Parabel entsprechend, zuletzt genannt ...

Wichtig ist endlich zu beobachten, wofür und wie ein *Urteil des Hörers* herausgefordert wird. So darf man über die *moralische* Qualität des Schatzfinders [Mt. 13,44] und des Perlenhändlers [Mt. 13,45 f.] nicht urteilen; fern liegt natürlich auch ein Urteil über die Institution des Sklaventums (Lk. 17,7 ff.) oder über die Schuldhaft (Mt. 18,23 ff.). Daß der Haushälter ein Betrüger und der Richter ein gewissenloser Kerl ist, soll man wissen, aber nicht, um über sie zu urteilen, sondern um stark zu empfinden: selbst von diesen Halunken kann man etwas lernen. In anderen Fällen aber wird das *moralische* Urteil über eine Handlung herausgefordert, ... in den Parabeln ... von den anvertrauten Geldern, vom unbarmherzigen Knecht, von den beiden Söhnen, wo eben die Pointe auf dieses Urteil hinaus will. Ein Urteil *überhaupt* wird natürlich durch *alle* Gleichnisse herausgefordert, und der argumentative Charakter kommt in der Form ... oft zum Ausdruck. Es dient diesem Zweck auch die häufige *Gegenüberstellung von zwei Typen:* die zwei Schuldner (Lk. 7,41 f.), die beiden ungleichen Söhne [Mt. 21,28—30], die klugen und die törichten Jungfrauen [Mt. 25,1—13], der treue und der untreue Knecht (Lk. 12, 42 ff.), der Reiche und der Arme, der Pharisäer und der Zöllner, der Priester und der Levit und der Samariter."

III. EINLEITUNGSFORMELN UND ANWENDUNGEN

Ein großer Teil der Gleichnisse beginnt nicht anders als eine gewöhnliche Geschichte:

„Ein Mensch pflanzte einen Weinberg" (Mk. 12,1), „Es war ein reicher Mensch" (Lk. 12,16), „Ein Mensch hatte zwei Söhne" (Lk. 15,11), „Es gingen zwei Menschen hinauf in den Tempel" (Lk. 18,10), „Ein Edler zog ferne in ein Land" (Lk. 19,12).

Andere Gleichnisse werden aber durch eine formelhafte Wendung eingeleitet:

Am ausführlichsten ist sie beim Gleichnis vom Senfkorn in der Markusfassung: „Wem wollen wir das Reich Gottes vergleichen und durch welches Gleichnis wollen wir es abbilden? Es ist wie ..." (Mk. 4,30 f.). Bei Lukas lautet die Einleitung zu diesem Gleichnis anders: „Wem ist das Reich Gottes gleich und wem soll ich's vergleichen? Es ist ... gleich ..." (Lk. 13,18 f., vgl. Lk. 7,31 f.). Eine wesentlich kürzere Einleitung hat Lukas für das Gleichnis vom Sauerteig: „Wem soll ich das Reich Gottes vergleichen? Es ist ... gleich ..." (Lk. 13,20 f., vgl. Mt. 11,16). Sehr häufig ist aber diese Formel so abgekürzt, daß nur das „gleich" oder ein „gleichwie" übriggeblieben ist. So heißt es im Gleichnis von den „anvertrauten Zentnern": „Gleichwie ein Mensch, der über Land zog" (Mt. 25,14, vgl. Mk. 13,34), in der Parabel vom großen Abendmahl: „Das Himmelreich ist gleich einem König ..." (Mt. 22, 1, vgl. Mt. 18, 23; Mt. 13, 24). „Dann wird das Himmelreich gleich sein zehn Jungfrauen ...", lautet es Mt. 25, 1 (vgl. Mt. 13, 44. 45).

In keinem Falle dürfen wir diese Einleitungsformeln wörtlich nehmen. So sind sie nicht gemeint. Das Himmelreich ist Mk. 4, 31 nicht ‚gleich' einem Senfkorn, sondern: „mit der Königsherrschaft Gottes verhält es sich wie mit einem Senfkorn". „Mt. 13, 47 wird das Himmelreich nicht mit einem Fischnetz verglichen, sondern gesagt, daß es bei seinem Kommen so zugeht wie bei der Auslese der in einem Fischnetz gefangenen Fische." Wie wenig solche Einleitungen wörtlich gemeint sind, kann man auch an der Ungenauigkeit sehen, mit der es Mt. 13, 44 heißt: „das Himmelreich ist gleich einem ... Schatz", Mt. 13, 45 aber: „das Himmelreich ist gleich einem Kaufmann", obwohl die beiden Gleichnisse sich doch sonst völlig entsprechen.

Die Einleitung: „Das Himmelreich ist gleich" findet sich bei Matthäus sehr viel häufiger als bei Lukas. „Es handelt sich also um eine Einleitungsformel, die Matthäus liebt, und es muß mit der Möglichkeit gerechnet werden, daß er sie im einen oder andern Fall zugesetzt hat, z. B. Mt. 22, 2 (anders Lk. 14, 16)."

Ebenso wie zahlreiche Gleichnisse ohne Einleitungsformel sofort mit der Erzählung beginnen, schließt ein großer Teil der Gleichnisse mit der Erzählung, ohne daß ein Wort darüber hinaus gesagt wird. Das ist ganz in Ordnung, denn für die ursprünglichen Hörer war ja unmittelbar aus der Situation heraus verständlich, was mit dem Gleichnis gesagt werden sollte, so daß sie keiner weiteren Hilfen bedurften.

Bei anderen Gleichnissen finden wir eine *Anwendung*, d. h. ein Wort, das einen Hinweis gibt, auf welche Sache das Gleichnis angewendet werden soll. Häufig wird diese Anwendung mit „so" oder „also" an das Gleichnis angehängt.

„So wird euch mein himmlischer Vater auch tun", heißt es in der Parabel vom Schalksknecht. „So auch ihr ..." im Gleichnis vom Knechtslohn (Lk. 17, 10). „Also wird auch Freude im Himmel sein ...", wird aus dem Gleichnis vom verlorenen Schaf gefolgert.

Bei anderen Gleichnissen wird die Anwendung in Befehlsform gegeben, z. B. für die Parabel von den zehn Jungfrauen, wo es heißt: „Wachet nun ...!"

Ein Teil der Anwendungen gehörte von Anfang an zu dem Gleichnis. In vielen Fällen aber sind sie dem späteren Leser, nicht dem ersten Hörer als Hilfe zum Verstehen gegeben. Das kann man leicht an solchen Stellen merken, wo die Anwendung ein Jesuswort ist, das von den übrigen Evangelisten an anderer Stelle überliefert wird.

So finden wir die Anwendung der Parabel von den Arbeitern im Weinberg, das Wort von den Letzten, die zu Ersten werden (Mt. 20, 16, vgl. 19, 30), bei Lk. 13, 30 in einem anderen Zusammenhang wieder. Den Spruch, mit dem Lukas das Gleichnis von Pharisäer und Zöllner schließt (Lk. 18, 14 b), hat er schon einmal in 14, 11 verwendet.

Mitunter läßt auch die mangelhafte Entsprechung zwischen Anwendung und Gleichnis erkennen, daß die Anwendung nachträglich zugewachsen ist.

Das gilt z. B. für das Gleichnis vom Pharisäer und Zöllner; denn wenn man die damaligen Verhältnisse berücksichtigt, trifft es weder zu, daß sich der Zöllner „selbst erniedrigt", noch daß sich der Pharisäer „selbst erhöht" hat. Auch das Wort von den Ersten und den Letzten Mt. 20, 16 paßt nicht zu der Parabel, denn es trifft nur einen Nebenzug.

Zuweilen wurde im Laufe der Überlieferung an die erste Anwendung eine weitere angehängt:

Den Schlußvers der Parabel von der königlichen Hochzeit, daß viele berufen, aber nur wenige auserwählt sind, setzen einige Handschriften auch hinter die Parabel von den Arbeitern im Weinberg. An das Gleichnis vom ungerechten Haushalter wurden nicht weniger als sechs verschiedene Anwendungen angehängt — alles Versuche, die Schwierigkeiten, die diese Parabel bereitete, als man ihren ursprünglichen Sinn nicht mehr verstand, durch Auslegung zu bewältigen. Vergleicht man Mk. 12, 10 f. mit Mt. 21, 43 und Lk. 20, 18, dann kann man feststellen, daß jeder der Evangelisten auf seine Weise die Anwendung des Markustextes erweitert hat.

IV. DAS GLEICHNIS ALS WEISE
DER UNTERREDUNG

Das Gleichnis — den Begriff im weiteren Sinne genommen —[a] ist eine Weise der Rede. Seine Ursprungssituation ist die Unter-redung, das Gespräch.

Ein Gleichnis ist eine eindringliche Bemühung des Redenden um den Hörenden. Wer ein Gleichnis erzählt, will mehr als etwas aussagen, eine Mitteilung machen. Er möchte auf den anderen einwirken, seine Zustimmung erwerben, sein Urteil in eine bestimmte Richtung lenken, ihn zu einer Entscheidung nötigen, ihn überführen oder überwinden. Auch dann, wenn nur der Erzähler zu Wort kommt, ist in Wahrheit ein Gespräch im Gange. Wer ein Gleichnis erzählt, hat den möglichen Einspruch des Hören-

---

[a] Wo es nicht anders angemerkt wird, ist der Begriff in diesem und den folgenden Kapiteln stets im weiteren Sinne genommen, abgesehen von den Fällen, wo ein bestimmtes Gleichnis genannt wird.

den schon vorausbedacht, denn um solchen Widerstand zu überwinden, wird das Gleichnis als Weise der Rede gewählt.

Es gehört zum Wesen des Gleichnisses, daß sich darin ein *dia*-legesthai, eine *Unter*-redung, ein Gespräch *zwischen* dem Erzähler und dem Hörenden vollzieht . Die Gesprächssituation, der ein Gleichnis entspringt, kann dabei sehr verschieden sein.

Das Gleichnis kann der *Belehrung* dienen. Es überwindet die Schwierigkeiten des Begreifens, indem es das Unbekannte, schwer Faßbare, durch das Vertraute, Überschaubare erläutert.

So bedienten sich die palästinensischen Schriftgelehrten in ihren Lehrvorträgen vielfach der Gleichnisse. „Die Rabbinen sagten: ‚Nicht sei das Gleichnis etwas Geringes in deinen Augen, denn durch ein Gleichnis kann der Mensch zum Verständnis der Tora [des göttlichen Gesetzes] gelangen. Gleich einem König, der ein Goldstück in seinem Hause oder eine kostbare Perle verloren hat; kann er sie nicht durch einen Docht im Werte eines Asses [einer kleinen Kupfermünze] wiederfinden? So sei auch ein Gleichnis nichts Geringes in deinen Augen, denn durch ein Gleichnis kann ein Mensch zum Verständnis der Tora gelangen.'"

Auch in den Dienst der *Ermahnung* wird das Gleichnis gestellt. Seine Überzeugungskraft wird genützt, um den Widerstand, der sich dem Tun des Guten entgegenstellt, zu überwinden.

So wurde von den Rabbinen die Mahnung, noch heute Buße zu tun, da jeder Tag der letzte sein kann und niemand den Zeitpunkt seines Todes kennt, durch folgendes Gleichnis eingeschärft: „ ‚Gleich einem König, der seine Knechte zu einem Gastmahl einlud, ohne ihnen eine bestimmte Zeit festzusetzen. Die Klugen unter ihnen putzten sich und setzten sich am Eingang des Palastes nieder. Sie sagten: Sollte irgend etwas dem Haus des Königs mangeln? (In seinem Haushalt ist alles stets vorhanden, also kann das Mahl jeden Augenblick beginnen.) Die Törichten unter ihnen gingen an ihre Arbeit. Sie sagten: Gibt es irgendein Gastmahl ohne mühsame Vorbereitung? Plötzlich verlangte der König nach seinen Knechten. Die Klugen unter ihnen traten vor ihn hin, wie sie waren, geputzt; die Törichten traten vor ihn hin, wie sie waren, besudelt. Der König freute sich über die Klugen und zürnte über die Törichten. Er sprach: Diese, die sich zum Mahle geputzt hatten, sollen sitzen und essen und trinken; jene aber, die sich zum Mahle nicht geputzt hatten, sollen stehn und zusehn.' "

Auch da wird das Gleichnis gern benutzt, wo ein Mensch einen anderen verantwortlich auf sein Tun und Lassen hin anreden soll. Indem der Erzähler das Tun des Hörenden in das Licht des Gleichnisses stellt, zwingt er diesen, sich sein eigenes Urteil zu sprechen, und kann ihn so überführen.

Das klassische Beispiel ist hier die Nathan-Parabel 2.Sam.12.

Bei den Rabbinen, den jüdischen Schriftgelehrten, fand das Gleichnis auch Verwendung in der *gelehrten Auseinandersetzung*.

So brachte in der Diskussion der Schule Schammais mit der Schule Hillels, ob zuerst die Erde oder zuerst der Himmel geschaffen sei, jede der beiden Gelehrtenschulen ein Gleichnis bei, das ihre Auffassung stützen sollte:

Die Schule Schammais, die die Ansicht vertrat, der Himmel sei vor der Erde geschaffen, sagte: Die Sache gleicht einem König, der sich einen Thron gemacht hat, und nachdem er ihn gemacht hat, macht er seinen Fußschemel.
Die Schule Hillels, die die Ansicht vertrat, die Erde zei zuerst geschaffen, sagte dagegen: Die Sache gleicht einem König, der sich einen Palast baute. Nachdem er das Untere gebaut hatte, baute er das Obere .

Das Gleichnis war bei den Rabbinen überdies eine beliebte Waffe im *Streitgespräch*. Es gab kein besseres Mittel, den Angriff eines Gegners ad absurdum zu führen, weil man ihn beim Gleichnis durch sein eigenes Urteil überführen konnte. Allerdings waren das doch mehr oder weniger Siege an der Oberfläche. Der Grund des Streits wurde selten erreicht. Es kam vielfach nur darauf an, den Gegner zu blamieren.

„Gamaliel antwortet einem Philosophen auf die Frage, warum sich Gott nicht gegen die Götzen, sondern gegen die Götzendiener ereifere: ‚Womit läßt sich das vergleichen? Mit einem Könige von Fleisch und Blut, der einen Sohn hatte; und dieser Sohn hatte sich einen Hund aufgezogen, dem er einen Namen nach dem Namen seines Vaters beilegte (d. h. er nannte ihn ‚Abba' = mein Vater). So oft er nun schwur, sagte er: ‚Beim Leben des Hundes Abba!' Als das der König hörte, über wen wird er gezürnt haben? Wird er über den Sohn gezürnt haben, oder wird er über den Hund gezürnt haben? Doch wohl über den Sohn wird er gezürnt haben!'"

Seine bedeutendste Rolle spielt das Gleichnis in einer anderen Situation, die wir zuerst in einem Beispiel vorführen möchten, ehe wir versuchen, sie zu charakterisieren:

Aus unseren Schulbüchern für den Anfangsunterricht in römischer Geschichte ist uns die Sage von Menenius Agrippa vertraut, die Livius (II, 32) überliefert hat:
Die Einheit Roms drohte zu zerfallen, und der Bestand der Stadt war in Gefahr. Die Plebejer, Jahr um Jahr gezwungen, die Waffen zu führen anstatt ihre Äcker zu bestellen, waren verarmt und der Schuldknechtschaft preisgegeben. Immer wieder durch leere Versprechungen vertröstet, waren sie schließlich nicht gewillt, ihr Elend noch länger zu ertragen. Vom Feldzuge heimgekehrt, noch unter Waffen, forderten sie die Einlösung der Versprechen. Es drohte die Gefahr eines Aufstandes. Um für den Augenblick Rat zu schaffen, schickten die Konsuln die noch durch Eid an sie gebundenen plebejischen Legionen aus der Stadt. Aber denn verschanzten sich Rom gegenüber auf dem Heiligen Berge, und die Lage war verfahrener als je zuvor. Sollte gar noch einer der vielen Gegner Roms sich das zunutze machen und ein auswärtiger Krieg ausbrechen, so konnte das Geschick der Stadt besiegelt sein. Die Einigkeit der Bürger mußte um jeden Preis wiederhergestellt werden. Die Patrizier sandten deshalb Menenius Agrippa als Unterhändler zu den plebejischen Legionen. „Dieser soll, in das Lager eingelassen, ... nichts als Folgendes erzählt haben: ‚Zu der Zeit, da im Menschen noch nicht, wie jetzt, alles in eins zusammenstimmte, sondern jedes einzelne Glied seinen eigenen Willen, seine eigene Sprache hatte, zürnten die übrigen Glieder darüber, daß ihre Sorge, ihre Arbeit und Dienstleistung dem Magen alles herbeischaffte; der Magen, ruhig in seiner Mitte, nichts weiter tue, als daß er die dargebotenen Genüsse sich behagen lasse. Sie hatten sich hierauf verschworen, die Hände sollten keine Speise mehr zum Munde führen, der Mund keine dargebotene annehmen, die Zähne keine zermalmen. Indem sie in solchem Zorne den Magen durch Hunger bändigen wollten, seien zugleich die Glieder selbst und der ganze Körper völlig abgezehrt. Da habe es sich gezeigt, daß auch der Magen, nicht müßig, seine Dienste leiste und ebensowohl nähre als genährt werde, indem er das,

durch Verdauung der Speisen zubereitete, Leben und Kraft gebende Blut in die Adern gleichmäßig verteilt, an alle Teile des Leibes zurückgebe.' Indem er nun durch Vergleichung zeigte, wie ähnlich der innere Aufruhr des Körpers der Erbitterung der Plebejer gegen die Patrizier sei, habe er die Gemüter der Menge umgestimmt."

An diesem Modell läßt sich dreierlei erkennen: 1. Die Parabel wird benutzt, um in einer konkreten geschichtlichen Situation eine Entscheidung der Zuhörer im Sinne des Erzählers herbeizuführen.

2. Die Situation ist durch den denkbar größten Gegensatz charakterisiert, der zwischen der Beurteilung der Lage durch den Erzähler und die Zuhörer besteht.

3. Der Erzähler, der über kein anderes Mittel verfügt als über die Kraft der Sprache, vermag seine Zuhörer zu bewegen, indem er ihnen durch die Parabel ein neues Verständnis der Situation anbietet.

Während die Plebejer ihre Lage als ruchlose Ausbeutung durch die Patrizier verstanden und deshalb zum Aufstand bereit waren, gibt Menenius Agrippa ihnen die Möglichkeit, sie aus den natürlichen Unterschieden innerhalb des Staatskörpers und den dadurch gegebenen Notwendigkeiten zu begreifen.

Die Parabel spielt zwischen dem unterschiedlichen Urteil des Redners und seiner Hörer über den gleichen Sachverhalt und soll das Einverständnis der Hörer mit dem Redner herbeiführen, wenngleich sie es nicht erzwingen kann. Der Erzähler schlägt mit der Parabel eine Brücke über den Abgrund des Gegensatzes. Ob der Zuhörer diese Brücke betritt und zu ihm hinüberfindet, hat er allerdings nicht in der Hand. Er muß sich damit begnügen, die Möglichkeit dafür geschaffen zu haben. Er kann den Hörer zwar zu einer Entscheidung nötigen; wie aber die Entscheidung ausfällt, liegt bei jenem.

Es ist die unaufgebbare Erkenntnis der jüngsten Epoche der Gleichnisauslegung, die durch die Namen Cadoux, Dodd und Jeremias bezeichnet wird, daß die Gleichnisse Jesu — wie jene Parabel es Menenius Agrippa — auf eine geschichtliche Situation Bezug nehmen. Jesu Gleichnisse dienen nicht der Belehrung, noch weniger der gelehrten Beweisführung. Nur in seltenen Ausnahmefällen geben sie eine Ermahnung[b] oder legen es darauf an, den Hörer zu überführen[c]. Überwiegend zu Gegnern gesprochen, wollen sie den Gegner jedoch nicht ad absurdum führen, sondern trachten danach, sein Einverständnis zu gewinnen. Der Gegner wird nicht mit oberflächlichen Argumenten abgewiesen, sondern die Tiefe des Konfliktes wird erreicht[d]. Dadurch ist für jenen die Möglichkeit einer echten Entscheidung gegeben, die in den Streitgesprächen in der Regel fehlt.

[b] z. B. die Beispielgeschichte vom törichten Reichen Lk. 12, 16—21, von der es jedoch fraglich ist, ob sie auf Jesus zurückgeht.

[c] Mk. 12, 1—12 ist hier wohl das einzige Beispiel.

[d] Den Nachweis dafür muß die Auslegung der Gleichnisse bringen.

Obwohl ein Gleichnis immer in einer Gesprächssituation seinen Ursprung hat, ist nur in dem letztgenannten Falle die Ursprungssituation für das Verständnis des Gleichnisses wesentlich. Sie ist mehr als ein zufälliger Anlaß, dem das Gleichnis seine Entstehung verdankt und von dem man es als eine allgemeine Aussage unbeschadet ablösen könnte. Gleichnisse dieser Art werden zu einem Faktor in der geschichtlichen Situation, in der sie ihren Ursprung haben, und sind nur zu begreifen im Zusammenhang mit den übrigen Faktoren, die in dieser wirksam sind. Der Ausleger, der nach dem Sinn eines solchen Gleichnisses fragt, muß deshalb ausdrücklich über dessen Ursprungssituation reflektieren. Es genügt nicht, zu bedenken, welche Gedanken der Erzähler mit dem Gleichnis verbunden hat, es muß auch beachtet werden, welche Gedanken, Vorstellungen und Wertungen in den Hörern des Gleichnisses wirksam waren, worin der Gegensatz zwischen dem Erzähler und seinen Hörern bestand und wie dementsprechend seine Worte auf dieselben wirken mußten. Mit anderen Worten: Was der Erzähler mit einem solchen Gleichnis sagte, hat man erst dann erfaßt, wenn man weiß, was das Gleichnis in jener konkreten Situation den ursprünglichen Zuhörern zu verstehen gab.

V. DIE STRUKTUR DER GLEICHNISREDE

Das Gleichnis gehört zu den Beweismitteln. Wenngleich wir gewohnt sind, Bild und Gleichnis in einem Atemzuge zu nennen, sind Gleichnisse etwas anderes als Bilder. Sie sind weder Illustrationen noch Mitteilungen in Bildersprache. Das gilt auch für die Gleichnisse Jesu. Daran darf uns nicht irremachen, daß viele seiner Gleichnisse eingeführt werden mit den Worten: „Das Himmelreich ist gleich . . ." Diese Gleichnisse teilen keineswegs in Bildersprache Offenbarungen darüber mit, wie das Himmelreich beschaffen ist, sondern wollen die Zuhörer bewegen, recht zu beurteilen, was jetzt im Augenblick not ist.

So will das Gleichnis von den 10 Jungfrauen (Mt. 25, 1—13) zu der Erkenntnis verhelfen, daß jeder, der nicht daran denkt, sich auf eine längere Wartezeit bis zum Kommen des Menschensohnes einzurichten, in Gefahr kommt, seinen Anteil an der Gottesherrschaft zu verspielen. Die Parabel von der ‚königlichen Hochzeit' (Mt. 22, 2—5. 8 f.) will keine Aufschlüsse geben, wie es beim Mahl in der Gottesherrschaft zugeht; sie will

---

[a] Vgl. o. S. 19 f.

die Zuhörer zu dem Urteil nötigen: Jene, die der Einladung Gottes nicht Folge leisten, beweisen damit, daß sie dieser Einladung nicht wert sind. Es liegt an ihnen, nicht an Gott!

Gleichnisse wollen Beweismittel sein. Damit hängt es zusammen, daß sie *nur einen Vergleichspunkt* haben. Man kann schlecht mehreres auf einmal erweisen. Man muß deshalb bei einem Gleichnis sorgfältig unterscheiden zwischen dem, was es erweist, und dem, was es voraussetzt. Sobald wir einem Gleichnis eine Mehrzahl von bedeutsamen Gedanken entnehmen, dürfen wir sicher sein, daß wir den Sinn verfehlen, den das Gleichnis im Munde seines ersten Erzählers hatte. Das gilt auch dann, wenn wir zwar den Vergleichspunkt herausstellen, aber andere wichtige Gedanken, die uns das Gleichnis zu vermitteln scheint, danebensetzen. Wir werden damit dem Gleichnis nicht gerecht, denn nur durch diese Zuspitzung auf den einen Punkt wird es schlüssig.

Dieser Vergleichspunkt, das ‚tertium comparationis‘, ist der Angelpunkt, der das Gleichnis und die Sache, auf die es gemünzt ist, oder — wie man zu sagen pflegt — ‚Bildhälfte und Sachhälfte‘ miteinander verbindet.

Die Begriffe *‚Bildhälfte und Sachhälfte‘* bzw. *‚Bild und Sache‘* dienen der *Unterscheidung* zwischen dem, was die Gleichniserzählung vor Augen stellt, und dem, was sie bedeutet, was das Gleichnis sagen will. Die Unterscheidung soll verhindern, daß beides von vornherein in eins gesetzt wird, und dazu nötigen, die Beziehung zu bedenken, in der Bild und Sache zueinander stehen.

In dem oben (S. 29) zitierten Gleichnis der Schule Schammais ist das ‚Bild‘ oder die ‚Bildhälfte‘ das, was von dem König, dem Thron und dem Fußschemel gesagt ist. Die ‚Sache‘ oder die ‚Sachhälfte‘ ist die These: Gott hat zuerst den Himmel und dann die Erde geschaffen. Der Vergleichspunkt ist die sachbedingte Reihenfolge: Wie man einen Fußschemel erst macht, wenn der Thron fertig ist, so wurde auch die Erde erst nach dem Himmel geschaffen.

In der Parabel des Menenius Agrippa (s. S. 29 f.) ist das ‚Bild‘ oder die ‚Bildhälfte‘ die Erzählung vom Magen und den Gliedern, die ‚Sache‘ bzw. die ‚Sachhälfte‘ die Stellung der Patrizier und Plebejer im Staatswesen. Der Vergleichspunkt ist der Gedanke: Wie die Glieder, die dem Magen den Dienst verweigerten, sich selber Schaden zufügten, so muß auch die Auflehnung der Plebejer gegen die Patrizier jenen zum Schaden gereichen.

Die Formulierung Bild- bzw. Sach-*Hälfte* kann leicht irreführen, wenn man nicht bedenkt, in welchen Zusammenhang sie gehört. Die Bezeichnung der Gleichniserzählung als Bild-*Hälfte* bedeutet nicht, daß diese für sich genommen unvollständig sei und der Ergänzung durch eine Deutung bedarf. Die Gleichniserzählung ist das *ganze* Wort des Erzählers an seine ursprünglichen Hörer[b]. Es bedarf für diese keiner Deutung; aus der Situa-

---

[b] Die Frage der Anwendungen kann in diesem Zusammenhang außer acht bleiben.

tion heraus können sie das Gleichnis unmittelbar verstehen. Erst für den späteren Ausleger und Leser, dem diese Situation nicht bekannt ist oder der doch nicht in ihr drinsteht, tritt der Sinn des Gleichnisses — da er ihn erst mehr oder weniger mühsam ermitteln muß — als ein Zweites zu der Gleichniserzählung hinzu. Die Begriffe Bild*hälfte* und Sach*hälfte* sind also auf die Blickrichtung des Auslegers zugeschnitten und nur in dieser sinnvoll.

Bild und Sache haben nur ein einziges tertium comparationis, das gilt es festzuhalten. Daneben ist aber zu beachten, daß überdies noch zahlreiche Beziehungen bestehen können zwischen dem Gleichnis und der Sache, auf die es anspielt.

Schon in der Wahl des Gleichnisstoffes durch den Erzähler liegt die Behauptung, daß zwischen dem Gleichnis und der damit gemeinten Sache eine Entsprechung besteht. Mitunter liegt diese Entsprechung auf der Hand:

z.B. im Gleichnis vom bittenden Sohn (Mt. 7,9—11): So, wie der Sohn seinen Vater bitten muß, steht der Mensch vor Gott als Bittender.

Manchmal ist sie durch eine Tradition vorgegeben:

Die Schule Schammais verweist für das oben (S. 29) zitierte Gleichnis auf Jes. 66,1: „So hat der Heilige (gepriesen sei er) gesagt: ‚Der Himmel ist mein Thron und die Erde ist der Schemel meiner Füße.'"

Die Parabel von den klugen und törichten Jungfrauen (Mt. 25,1—13) kann voraussetzen, daß die Hochzeit ein geläufiges Bild für die selige Endzeit ist.

In anderen Fällen aber ist die Entsprechung zwischen Gleichnisstoff und Sache in keiner Weise vorgegeben. Der Erzähler übt dann mit der Wahl des Gleichnisstoffes die Funktion aus, *etwas als etwas anzusprechen:* Dinge und Situationen sind durch ihre bloße Faktizität noch nicht eindeutig; ihre Bedeutung gewinnen sie erst dadurch, wie der Mensch sie versteht. Es kommt auf unser Verständnis an, was eine Sache für uns bedeutet. Das Verstehen aber ist angewiesen darauf, daß die Sache „*zur Sprache kommt*" . Durch die Behauptung der Entsprechung zwischen dem Gleichnisstoff und der Sache bringt der Erzähler die Sache „zur Sprache" und eröffnet dadurch eine Möglichkeit, sie (neu) zu verstehen. Diese Funktion wird vom Erzähler in erster Linie in solchen Fällen geübt, wo zwischen ihm und seinen Zuhörern die Beurteilung einer Situation strittig ist und der Erzähler durch das Gleichnis den Hörern sein Verständnis der Situation nahebringen will, damit sie es übernehmen.

Dafür einige Beispiele:

In der Parabel des Menenius Agrippa ist der Vergleichspunkt, daß die Glieder, indem sie dem Magen den Dienst verweigern, sich selber Schaden zufügen. Das bekommt aber nur Geltung für die beschriebene Situation, indem die Parabel die Stellung der Plebejer im römischen Staatswesen *anspricht* als die Teilhabe eines Gliedes am Leib.

Der Vergleichspunkt der Parabel vom großen Abendmahl (Lk. 14, 15—24) liegt darin, daß die säumigen Gäste das Mahl nicht zu schmecken bekommen. Wenn Jesus diese Parabel Pharisäern erzählt, die seligpreisen, wer am Mahle der Gottesherrschaft teilnimmt, dann spricht er ihr Verhalten an als Benehmen von Gästen, die noch immer nicht erscheinen wollen, obwohl das Mahl schon begonnen hat.

Der Vergleichspunkt der Gleichnisse vom Verlorenen (Lk. 15, 1—10) ist die Freude des Wiederfindens. Wenn Jesus diese Gleichnisse jenen erzählt, die protestieren, weil er sich mit Verlorenen abgibt, dann spricht er die Situation an als den Augenblick des Wiederfindens, in dem man sich freuen muß.

Solchermaßen wirkt die Argumentation der Gleichnisse, die im Vergleichspunkt gipfelt, zusammen mit ihrer Funktion, etwas als etwas anzusprechen.

Etwas als etwas anzusprechen ist aber nur möglich, wenn es gelingt, eine Entsprechung sichtbar zu machen. Dem Hörer muß deutlich werden, daß das Gleichnis auf den Gegensatz zwischen ihm und dem Erzähler anspielt, und zwar so, daß er dieser Anspielung ein Wahrheitsmoment nicht absprechen kann. Wir finden daher in den Gleichnissen zahlreiche Entsprechungen zwischen Bild und Sache:

Wie der Magen im Vergleich mit den Gliedern (s. s. 29 f.) als ein untätiger Schmarotzer erscheint, so sehen die Plebejer die Patrizier an als solche, die sich auf ihre Kosten bereichern.

Der verlorene Sohn (Lk. 15, 11—32) führt — wie die Sünder — ein Leben, das im Gegensatz zu Gottes Geboten steht, ja er begibt sich — wie die Zöllner — in heidnische Dienste. Der ältere Bruder aber hat noch nie ein Gebot des Vaters übertreten — wie es der Gesetzestreue der Pharisäer entspricht.

Das Verhältnis der Ganztagsarbeiter (Mt. 20, 1—16), die ‚des Tages Last und Hitze getragen' haben, zu den Arbeitern der letzten Stunde, die den ganzen Tag müßig gingen, hat eine Entsprechung in dem Verhältnis der ihr Leben lang mit Geduld und Eifer um die Erfüllung des Gesetzes bemühten Pharisäer zu den Zöllnern und Sündern.

Solche Entsprechungen heben die Selbständigkeit der Parabelerzählung nicht auf. Die Parabel ‚meint' stets das, was sie nennt. Bild und Sache kommen nicht zur Deckung wie bei der Allegorie; zwischen beiden bestehen lediglich Parallelen.

Genau besehen bestehen diese Parallelen darin, daß der betreffende Parabelzug die gleiche oder doch eine ähnliche Einstellung herausfordert, wie sie die Zuhörer in der fraglichen Sache eingenommen haben.

In der Parabel des Menenius Agrippa fordert der Zug, daß der Magen (scheinbar) als untätiger Schmarotzer auf Kosten der Glieder lebt, die gleiche Einstellung heraus, wie sie die Zuhörer gegenüber dem Verhalten der Patrizier haben.

In der Parabel vom verlorenen Sohn ‚ist' oder ‚bedeutet' der jüngere Sohn nicht die Zöllner, sondern die Einstellung, die die Zuhörer nach den ersten Versen zu dem jüngeren Sohn gewinnen müssen, entspricht derjenigen, die sie zu den Zöllnern und Sündern haben, während die Einstellung zu dem älteren Sohn zunächst der Wertschätzung ihres eigenen Gesetzesgehorsams entspricht.

In der Parabel von den Arbeitern im Weinberg fordert der Vergleich der Ganztagsarbeiter mit den Arbeitern der letzten Stunde, zwischen den fleißigen und den müßigen Arbeitern eine ähnliche Einstellung heraus, wie sie sich den (pharisäischen) Zuhörern aufdrängt, wenn sie sich mit den Zöllnern vergleichen.

Die Entsprechungen zwischen Bild und Sache beruhen also darauf, daß der Erzähler in der Parabel den Wertungen seiner Zuhörer Raum gibt. Sie bedeuten ein Zugeständnis an die Hörer, der Erzähler *räumt ihnen etwas ein*. Durch das, was er ihnen einräumt, kann er sie bewegen, seine Parabel zunächst einmal als ein Wort zur Sache anzuhören, den Bezug herzustellen zwischen der Parabel und dem Streitpunkt, um den es geht. Je ungewöhnlicher das ist, was er den Zuhörern zumutet, indem er die fragliche Situation durch die Parabel in seinem Sinne anspricht, um so mehr muß er darauf bedacht sein, den Zuhörern etwas einzuräumen. Denn andernfalls würde er an ihnen vorbeireden, und sein Gleichnis wäre verlorene Mühe.

Das ‚etwas als etwas anzusprechen‘ zusammen mit dem ‚einräumen‘ bringt das Phänomen der *Verschränkung* hervor. In der Parabel verschränkt sich das Urteil des Erzählers über die fragliche Situation mit dem der Hörenden. Beide Beurteilungen der Situation gehen in die Parabel ein. Die Wahl des Stoffes, der Vergleichspunkt und somit das Gefälle der Erzählung werden zwar in erster Linie durch das Urteil des Erzählers bestimmt. Aber auch das Urteil der Hörer über die Situation findet in der Parabel seinen Niederschlag. Der Erzähler nimmt es auf, indem er den Hörern etliches einräumt, damit sie den Bezug der Parabel zur Sache erkennen müssen. Die gegensätzlichen Urteile erscheinen in der Parabel nicht einfach nebeneinander, sondern sind in dem knappen, einsträngigen Erzählungsablauf ineinander verschränkt. Dabei behält natürlich das des Erzählers die Oberhand. Mit dem Urteil der Hörenden über die Situation, soweit es in die Parabel eingeht, vollzieht sich dagegen etwas, das man der Brechung eines Lichtstrahles beim Übergang in ein anderes Medium vergleichen könnte:

> Der Protest des Pharisäers gegen Jesu Tischgemeinschaft ist *nicht* der Protest des älteren Bruders gegen das Fest, das wegen der Heimkehr des Jüngeren gefeiert wird. Er ist auch *nicht* der Protest des murrenden Tagelöhners, der sich darüber beklagt, daß dem anderen für die viel geringere Arbeit der gleiche Lohn zuteil wird. Andererseits kann man aber auch nicht sagen, daß der Widerspruch so, wie er in der Parabel erscheint, mit der historischen Situation nichts zu tun hätte.

Mit dieser Verschränkung ist einerseits gegeben, daß Rückschlüsse möglich sind von der Parabel auf die historische Situation, die durch sie angesprochen wird, andererseits aber, daß solche Rückschlüsse unter starkem Vorbehalt stehen. Die ursprüngliche Beurteilung der Lage durch den Hörenden, die wahren Ursachen seines Widerspruches und damit ein klares Bild des Gegensatzes zwischen ihm und dem Parabelerzähler kann man aus der Parabel allein nicht erschließen. Wenn man das Bild, das die Parabel davon gibt, einfach mit der Wirklichkeit identifiziert, gerät man nicht nur auf einen Holzweg in der Beurteilung der historischen Situation, es entgeht einem dann auch Wesentliches an der Parabel selber: Die Parabel in ihrer Funktion, etwas als etwas anzusprechen. Solange wir bei den Gleichnissen Jesu diese Verschränkung nicht beachten, haben wir also keinen Zugang zu dem, was Jesus in Wahrheit gesagt hat.

Zu den Berührungspunkten, die Bild und Sache außerhalb des einen Vergleichspunktes haben, gehören auch die *‚ungewöhnlichen Züge'*:
Manche Parabelerzählungen enthalten Züge, die der alltäglichen Erfahrung widerstreiten. Solche Züge, die sich nicht aus dem natürlichen Vorstellungszusammenhang der Parabelerzählung ergeben, *haben ihren Anlaß in der Sache,* von der der Erzähler reden will .

Es ist ungewöhnlich, daß *alle* Gäste sich entschuldigen lassen. Dieser Zug der Parabel vom großen Abendmahl (Lk. 14,15—24) kann deshalb nicht durch den Stoff veranlaßt sein, sondern nur durch die Situation, die Jesus im Auge hat.

Es ist ungewöhnlich, daß ein Vater seinen mißhandelten Knechten den Sohn hinterdrein schickt. Die Reihenfolge: Sendung der Knechte — Sendung des Sohnes in der Parabel von den bösen Weingärtnern (Mk. 12,1—12) muß also aus sachlichen Gründen hergestellt worden sein.

Es ist ungewöhnlich, wie sich der Vater bei der Heimkehr des verlorenen Sohnes (Lk. 15,11—32) verhält; wir haben darin eine Anspielung auf die Sache zu vermuten.

Man pflegt zu sagen, hier seien Züge aus der Sachhälfte in die Bildhälfte eingedrungen. Aber diese Formulierung verdeckt mehr, als sie erhellt. Es kann ja nicht gemeint sein, daß an solchen Stellen Bildhälfte und Sachhälfte zusammenfallen. Denn anderenfalls hätte der Erzähler damit auf die Kraft der Analogie verzichtet und die Parabel selber um die gewünschte Wirkung gebracht. Nur wenn die Parabelerzählung ihre Selbständigkeit wahrt, kann sie als *Argument* zur Sache wirksam werden. Der direkte Bezug, der in den ungewöhnlichen Zügen zwischen Bild und Sache besteht, bedeutet also nicht, daß der Erzähler an diesen Stellen beide in eins setzt. Wenngleich der Grund für die Einführung eines ungewöhnlichen Zuges im Sachzusammenhang liegt, wird ein solcher Zug keineswegs von der Sache getragen. Auch die ungewöhnlichen Züge trägt die Parabelerzählung. Sie sprengen die Erzählung nicht, sondern werden mit erzählerischen Mitteln bewältigt. Man verbaut sich den Zugang zum Verständnis, wenn man sich bei den ungewöhnlichen Zügen darauf beschränkt, das, *was* die Parabel erzählt, mit der Wirklichkeitserfahrung zu vergleichen, anstatt zu fragen, *wie* das, was unserer Wirklichkeitserfahrung widerspricht, in die Erzählung eingebaut ist. Unsere Frage darf nicht lauten: „Kommt das, was erzählt wird, in der Wirklichkeit vor?" Wir müssen fragen: „Kommt das so, wie es erzählt wird, dem Hörer der Parabel unwirklich vor?" Dabei ist zu beachten, daß mancher Anstoß, der den *Leser* des Textes nachdenklich machen kann, dem Hörer nicht auffällt.

So ungewöhnlich es ist, daß *alle* Gäste absagen (Lk. 14, 18 f.) — der Hörer, der die Erzählung nimmt, wie sie sich gibt: als Wiedergabe eines Falles, der sich einmal ereignet hat, wird darüber nicht stolpern, zumal ihn das Spannung erzeugende Gefälle der Erzählung mitreißt und ihm verwehrt, sich an diesem Punkte festzuhaken.

Dasselbe gilt für das Verfahren des Weinbergbesitzers (Mt. 20, 1—16), der mehrmals am Tage und zuletzt noch um die 11. Stunde ausgeht, um Arbeiter zu dingen.

Es ist unwahrscheinlich, daß ein Vater seinen mißhandelten Knechten den Sohn hinterdrein schickt, wie es in der Parabel von den bösen Weingärtnern (Mk. 12, 1—12) geschieht. Der Vergleich dieses Parabelzuges mit der Wirklichkeit fällt negativ aus. Der Zug ist aber in die Erzählung eingebaut durch eine Motivierung, mit der der Vater die Sendung des Sohnes begründet. Diese Motivierung erscheint glaubhaft; man pflegt im allgemeinen den Sohn in weit höherem Maße als den Stellvertreter eines Mannes zu respektieren als einen Sklaven. Ob das auch von den aufsässigen Winzern zu erwarten ist, tut nichts zur Sache. Es genügt, daß die Motivierung den Schein der Glaubwürdigkeit hat, damit in der Erzählung kein Bruch entsteht und der Hörer dem Erzähler ohne Anstoß von dem Geschick der Knechte zu dem des Sohnes folgt.

Auch der Mord der Weingärtner an dem Sohn ist durch eine Motivierung in den Erzählungsablauf eingebaut. Ähnlich steht es mit dem Verhalten der Gäste in der Parabel vom großen Abendmahl, des Vaters in der Parabel vom verlorenen Sohn u. a.

Fassen wir zusammen:

Gleichnisse haben nur *einen* Vergleichspunkt, aber die Beziehungen zwischen ‚Bildhälfte' und ‚Sachhälfte' erschöpfen sich darin nicht. Hinter der Argumentation des Gleichnisses, die auf dem Vergleichspunkt beruht, stehen seine übrigen Funktionen, die dem Zuhörer zwar kaum zum Bewußtsein kommen — es wohl auch nicht sollen —, aber deswegen doch nicht minder wirksam sind. Die unmittelbare Wirksamkeit derselben beschränkt sich allerdings weithin auf die ursprünglichen Zuhörer. Nur diesen entgeht deshalb nichts, wenn sie sich allein der Argumentation des Gleichnisses zuwenden. Der spätere Ausleger dagegen verlöre Entscheidendes, wenn er sich nur an diesen Vordergrund halten würde und seine Auslegung mit der Formulierung eines Zielgedankens, der auf dem Vergleichspunkt beruht, für getan hielte.

Das muß zum mindesten für jene Gleichnisse gelten, die einen Gegensatz zwischen dem Erzähler und den Zuhörern überbrücken sollen. In ihnen vollzieht der Redende eine Zuwendung zu den Angeredeten, die sich in ihrer Eindringlichkeit nur erkennen läßt, wenn man darauf achtet, auf welche Weise das Gleichnis den Hörern die Möglichkeit zuspielt, mit dem Erzähler ins Einverständnis zu kommen.

Die Aussage des Gleichnisses, die sich aus dem Vergleichspunkt ergibt, ändert ihren Charakter und bleibt nicht länger dieselbe, wenn sie von dieser eindringlichen und wirksamen Bemühung um den Hörer gelöst wird. Die ursprünglichen Hörer wurden dieser Zuwendung des Redenden unmittelbar teilhaftig. Dem späteren Leser und Ausleger erschließt sie sich nur dann, wenn er den Mitteln nachspürt, die der Erzähler in ihren Dienst stellte.

VI. DIE GLEICHNISSE ALS SPRACHGESCHEHEN

Ein geglücktes Gleichnis ist ein Ereignis, das die Situation entscheidend verändert. Es schafft eine neue Möglichkeit, die zuvor nicht gegeben war: die Möglichkeit, daß der Angeredete mit dem Redenden über den Gegensatz hinweg ins Einverständnis kommen kann. Diese Möglichkeit beruht darauf, daß der Erzähler die Angelegenheit, die zwischen ihm und seinen Zuhörern strittig ist, *neu zur Sprache bringt* und dadurch ein neues Verständnis eröffnet[a].

Diese neue Möglichkeit, die das Gleichnis der Situation einstiftet, ist auch dann von Bedeutung, wenn das Einverständnis nicht zustande kommt. Selbst wenn der Angeredete bei seiner bisherigen Einstellung verharrt, ist nicht einfach „alles beim Alten geblieben". Dadurch, daß ihm eine echte Möglichkeit eröffnet wurde, seine bisherige Einstellung aufzugeben, hat diese ihre Selbstverständlichkeit verloren. Auch wenn er bei ihr beharrt, vollzieht er in Wahrheit eine Entscheidung. Das Beharren gewinnt einen anderen Charakter; es wird zum ausdrücklichen Gegensatz.

Das geglückte Gleichnis ist also im doppelten Sinne ein Ereignis: es stiftet der Situation eine neue Möglichkeit ein, und es zwingt den Angeredeten zu einer Entscheidung. D. h. — wie nach dem oben Gesagten deutlich sein dürfte — es zwingt zu dem Vollzug der Entscheidung; über den Ausgang derselben kann es nicht bestimmen. Wer in solch einer Situation ein Gleichnis wagt, setzt somit alles aufs Spiel; nur so kann er alles gewinnen.

---

[a] Siehe o. S. 27. Vgl. Fuchs, Hermeneutik, vor allem ‚Prolegomena' § 5 (S. 62–72) und ‚Hermeneutik' § 6 (S. 126–133).

Je tiefer der Gegensatz zwischen dem Redenden und den Angeredeten ist, desto bedeutsamer wird die Entscheidung, zu deren Vollzug das Gleichnis nötigt. Es gibt Gegensätze, die bis in die Tiefen der Existenz hinabreichen, bis zu dem Grunde, der das Leben eines Menschen trägt und bestimmt. Jesu Gleichnisse — wenigstens die meisten davon — sind in solch einen Gegensatz hineingesprochen[b].

Wenn ein Gleichnis den Hörer erreicht, so beruht das auf dem Wahrheitsmoment, welches der Erzähler so für sich geltend zu machen weiß, daß der Zuhörer davon betroffen wird. Dieses Betroffensein hebt nicht den *Gegensatz* zwischen dem Redenden und dem Hörenden auf, sondern die *Möglichkeit, diesen Gegensatz zu ignorieren.* Für den so Betroffenen steht nun Wahrheit gegen Wahrheit: jene Wahrheit, die er selber mit seiner ganzen Existenz vertritt — sofern eben jener Gegensatz, auch wenn er sich an der Oberfläche entzündet hat, bis in die Tiefe der Existenz hinabreicht, — und das, was sich ihm im Wort des Redenden unüberhörbar als Wahrheit aufdrängt, — als Wahrheit, um deren Gültigkeit er stets gewußt hat oder doch hätte wissen können. Er muß sich entscheiden, ja er hat es schon getan in eben dem Augenblick des Hörens. Das gilt selbst dann, wenn diese Entscheidung ihm gar nicht bewußt geworden ist, weil er bei seiner bisherigen Einstellung verharrt. Er hat sich durch dieses Verharren in aktiven Gegensatz gesetzt zu jenem Wahrheitsmoment, das ihm das Gleichnis entgegenhält. Folgt der Hörer aber dem Ruf der Wahrheit, der ihm in dem Gleichnis entgegentritt, dann setzt er sich in Gegensatz zu dem, was bisher die Wahrheit seiner Existenz gewesen ist.

Indem Jesus seine Hörer durch das Erzählen eines Gleichnisses in die Entscheidung nötigt, gibt er ihnen die Möglichkeit, einen Existenzwechsel zu vollziehen, sich von Grund auf neu zu verstehen, ein „neues Leben" zu gewinnen. Solch einen Existenzwechsel kann niemand aus eigener Kraft und Machtvollkommenheit vornehmen, denn das wäre nichts anderes, als wollte er über seinen eigenen Schatten springen oder sich am eigenen Schopf aus dem Sumpf ziehen. Diese Möglichkeit kann nur von außen auf einen Menschen zukommen, nur durch ein Wort, das in die Tiefe seiner Existenz hinabreicht. Solch ein Wort ist ein Gleichnis, wenn es einen Gegensatz zu umfassen vermag, der den Grund der Existenz betrifft. Solche Worte sind die Gleichnisse Jesu.

Wir nannten die Gleichnisse ein Sprachgeschehen, denn Entscheidendes geschieht hier durch das Wort. Hatten wir oben gesagt, wer in solch einer Situation ein Gleichnis wagt, setzt alles aufs Spiel, so müßten wir jetzt

---

[b] Siehe u. S. 41 f.

eigentlich sagen: er setzt alles auf die Kraft der Sprache. Wer solch ein Gleichnis wagt, der will, daß seine Zuhörer über den tiefen Gegensatz hinweg mit ihm ins Einverständnis kommen. Je tiefer der Gegensatz ist, je weniger Selbstverständliches gibt es, das seinen Zuhörern und ihm gemeinsam ist, auf das er mit seinem Gleichnis zurückgreifen könnte. Wenn es nur um einen Gegensatz in der Lehre geht, dann gibt es bei den Streitenden doch immer gemeinsame Grundvoraussetzungen, die keiner von ihnen in Frage stellt; geht es um eine sittliche Ermahnung, so sind sich der Ermahnende und der Ermahnte doch einig in der grundsätzlichen Anerkennung des Guten und stimmen auch weitgehend darin überein, was das Gute sei, abgesehen von dem strittigen Punkt. Geht es aber um Unterricht, dann kann von einem Gegensatz noch nicht einmal die Rede sein, denn hier müssen ja nur die Schwierigkeiten des Begreifens überwunden werden. Reicht der Gegensatz jedoch bis in die Tiefe der Existenz hinab, dann kann der Erzähler der Parabel das Gemeinsame, auf das er zurückgreifen muß, nur in den ursprünglichen Zügen der Sprache finden. Er ist angewiesen auf die Kraft der Sprache. Hier gilt, was ein Philosoph gesagt hat: „Die *Sprache* spricht. Die Sprache? Und nicht der Mensch? ... Der Mensch spricht, insofern er der Sprache entspricht. Das Entsprechen ist Hören." Nur wenn der Mensch den ursprünglichen Zügen der Sprache zu folgen vermag, hat sein Wort Gewalt[c].

Die Sprache aber unterliegt dem geschichtlichen Wandel. Es gibt Worte, die „sagen uns nichts mehr"; andere haben für uns „einen anderen Klang bekommen". Sprache ist gebunden an kulturgeschichtliche Zusammenhänge und historische Ereignisse. Wenngleich sich das Wesentliche der menschlichen Existenz zu allen Zeiten durchhält und in allen Kulturkreisen dasselbe ist, so darf man dabei doch nicht übersehen, daß es immer neu zur Sprache kommt und kommen muß.

Die Gleichnisse Jesu sind uns überliefert, aber das Sprachgeschehen, das Jesu Gleichnisse vollzogen haben, läßt sich nicht tradieren. Es vollzieht sich an uns noch nicht dadurch, daß wir die Gleichnisse lesen oder hören: Wir stehen nicht in der gleichen Situation wie jene ursprünglichen Hörer. Der Gegensatz — mag er auch im Grunde der gleiche sein — entzündet sich für uns an anderer Stelle. Unsere Sprache hat sich geschichtlich gewandelt. Die Anspielungen der Gleichnisse erreichen uns nicht mehr, zum mindesten nicht unmittelbar.

---

[c] Siehe Heidegger, Unterwegs zur Sprache, S. 33: „Alles beruht darin, das Wohnen im Sprechen der Sprache zu lernen. Dazu bedarf es der ständigen Prüfung, ob und inwieweit wir das Eigentliche des Entsprechens vermögen ... Denn: Der Mensch spricht nur, indem er der Sprache entspricht." Vgl. dazu Fuchs, Hermeneutik, S. 62—72.

Das Sprachgeschehen der Gleichnisse Jesu läßt sich nicht überliefern. Aber es läßt sich zum Verstehen bringen — das ist die Aufgabe der Auslegung, und es läßt sich wiederholen —, das geschieht in der christlichen Predigt. Die Predigt wiederholt das *Geschehen,* das durch die Gleichnisse Jesu an Jesu Hörern geschah. Sie ist das Wort, das von außen kommt, das „verbum externum", das dem Menschen allein den Existenzwechsel ermöglicht, das ihm vom Unglauben zum Glauben hilft. Denn „der Glaube kommt aus der Predigt" (Röm. 10,17). Die Predigt aber empfängt in den Gleichnissen Jesu nicht nur Anweisung dafür, wie sie recht geschieht, sie hat ihren Grund in dem, was Jesus tat, als er sein Wort wagte.

VII. DIE GLEICHNISSE ALS JESUSWORT

Jesu Gleichnisse erschöpfen sich nicht in einer Aussage; sie haben ein Geschehen bewirkt, in dem sich Entscheidendes ereignete. Nur wenn wir dieses Geschehen mit erfassen, haben wir den ursprünglichen Sinn der Gleichnisse begriffen.

Dieses Geschehen aber ist geschichtliches Geschehen. Es bindet die Gleichnisse Jesu an eine bestimmte vergangene geschichtliche Situation. Von diesem geschichtlichen Ursprungsort lassen sie sich nicht ablösen als eine „ewige Wahrheit", für die es von untergeordneter Bedeutung ist, in welchem geschichtlichen Augenblick sie zuerst ans Licht gekommen ist. Was sie an jenen Ursprung bindet, ist mehr als eine zufällige geschichtliche Gestalt, die sich abstreifen ließe, damit der gültige Gehalt um so unverhüllter erscheint. In ihrem Bezug auf ihre geschichtliche Ursprungssituation wollen sie erkannt werden, denn gerade so erweisen sie ihre Bedeutung, die über jene Situation weit hinausgeht.

Obwohl wir nicht von einem historischen Interesse geleitet sind, müssen wir deshalb die Frage, was *uns* die Gleichnisse Jesu sagen, zurückstellen und versuchen, die Gleichnisse mit den Ohren von Jesu Hörern aufzunehmen. Damit geben wir jene Frage, die uns am Herzen liegt, nicht auf, sondern wir stellen sie methodisch zurück, weil wir gerade so am ehesten hoffen dürfen, eine Antwort auf sie zu erhalten. Denn jeder Versuch, uns ohne diesen Rückgang auf die geschichtliche Situation in direktem Zugriff der Gleichnisse Jesu zu bemächtigen, bringt uns nicht mehr ein, als eine theologische Aussage oder eine sittliche Forderung. Das ist aber nicht nur sehr viel weniger, sondern etwas ganz anderes als der ursprüngliche Sinn der Gleichnisse Jesu.

Vielleicht befremdet es uns, wenn wir hören, daß die Worte Jesu in solchem Maße geschichtlich gebunden sind. Aber damit wird von ihnen nichts anderes gesagt, als von der ganzen Bibel gilt: Sie ist *Gotteswort*, nicht als eine geschichtslos vom Himmel gefallene Offenbarung, sondern *als Menschenwort*, das in einem bestimmten geschichtlichen Augenblick gesprochen wurde. Die Worte Jesu machen davon keine Ausnahme; auch sie sind Menschenwort, wenn anders gilt, was wir im Katechismus gelernt haben, daß Jesus „wahrhaftiger Mensch" ist und „wahrhaftiger Gott" *als* wahrhaftiger Mensch und nicht an seinem Menschsein vorbei.

Die historische Frage nötigt uns, wie es scheint, einen Abstand zu den Texten auf. In Wahrheit handelt es sich dabei aber um einen Abstand von unseren eigenen Gedanken und Vorstellungen, Wertungen und Erwartungen, von unserer gewohnten Sprache. Wir werden daran gehindert, das, was sich uns beim Lesen unmittelbar aufdrängt, unbesehen für den Sinn des Textes zu halten, und genötigt, genau hinzusehen. Damit hilft uns die historische Frage gegen die Gefahr, daß wir die uns liebgewordenen und gewohnten Vorstellungen mit dem Worte Gottes verwechseln. Indem sie uns die altvertrauten Geschichten verfremdet, schenkt sie uns die Möglichkeit, sie von neuem zu verstehen.

Wenn wir versuchen wollen, soweit uns das möglich ist, die Gleichnisse Jesu mit den Ohren ihrer ersten Hörer zu vernehmen, dann müssen wir uns zwei Einsichten von weittragender Bedeutung stets gegenwärtig halten:

1. *Was den Worten Jesu Gewicht verleihen konnte, waren einzig seine Worte selber.*

2. *Jesu Worte hatten einen tiefgreifenden Gegensatz zu überbrücken, der zwischen ihm und seinen Zuhörern bestand.*

Wir wollen zunächst den Sinn der ersten These entfalten: Jesus war wahrhaftiger Mensch. Seine Gleichnisse wurden als Menschenwort gehört, nicht als die Worte eines bevollmächtigten Offenbarers göttlicher Geheimnisse.

Uns fällt es schwer, das festzuhalten, weil wir Jesus so vor Augen haben, wie ihn die ersten Christen mit den Augen des Glaubens gesehen und gezeichnet haben. Sie haben das „wahrhaftiger Mensch — wahrhaftiger Gott" in einem einzigen Bilde zusammengemalt, in dem Bilde des Gottmenschen. Sie verfuhren wie die frommen Meister des Mittelalters, die auf Goldgrund die Heilige Geschichte so malten, daß in dem, was sie abbildeten, zugleich erkennbar wurde, was es bedeutete. Um die historische

Situation richtig zu erkennen, müssen wir von diesem Jesusbilde, das uns eingeprägt ist, dem Bilde des göttlichen Herrn und Heilandes, absehen, was aber keineswegs heißt, daß wir es aufgeben oder seine Wahrheit in Zweifel ziehen. Es handelt sich dabei nur um einen methodischen Schritt: wir lassen beiseite, was wir den Hörern Jesu voraushaben, weil wir sonst die Worte Jesu nicht wie sie vernehmen können.

Bei den ursprünglichen Hörern der Gleichnisse Jesu dürfen wir den Glauben, daß er der Christus sei, nicht voraussetzen. Wenn überhaupt, dann werden sich nur sehr wenige Gleichnisse finden lassen, die Jesus ausdrücklich an seine Jünger gerichtet hat; die meisten sind zu seinen Gegnern gesprochen, zu Menschen, die an seinem Verhalten Anstoß nahmen oder sich über seine Worte empörten. Vor diesen Zuhörern stand Jesus als ein Zimmermann aus Nazareth, als ein wandernder Rabbi, wie damals mehrere mit ihren Schülern im Lande umherzogen, als ein Bußprediger, von dem einige vermuteten, er sei ein Prophet. *Kein anerkannter Ausweis göttlicher Vollmacht gab dem, was er sagte, Gewicht, so daß es von vornherein als Offenbarungswort gehört werden mußte.* Denn auch seine Wunder waren keine Legitimation. Jesus war nicht der einzige Wundertäter in seiner Zeit (vgl. Mt. 12, 27), und Wunder waren seinen Zeitgenossen nicht einmal ein eindeutiger Ausweis dafür, daß die Kraft Gottes in dem Wundertäter am Werke war. Sie konnten Jesus sogar den Vorwurf des Teufelsbündnisses einbringen (vgl. Mk. 3, 22).

Ebensowenig wurden Jesu Worte durch diejenige Autorität gestützt, die ein Amt einem Menschen verleiht. Jesus war kein ordinierter Theologe und kein von Amts wegen berufener Lehrer. Auch berief er sich selbst weder auf die Heilige Schrift, wie es ein Ausleger tut, noch wie ein Prophet auf eine besondere Offenbarung Gottes.

Was Jesu Worten Gewicht verleihen konnte, waren also einzig seine Worte selber, und wer Jesus für seine Zuhörer ist, hängt ganz allein von dem ab, was er durch sein Wort für sie wird.

Unsere zweite These lautete: *Jesu Gleichnisse hatten einen tiefgreifenden Gegensatz zu überbrücken,* der zwischen ihm und seinen Zuhörern bestand. Das gilt auch dann, wenn seine Zuhörer nicht im eigentlichen Sinne zu seinen Gegnern zählten. *Es hängt mit Jesu Verkündigung vom Anbruch der Gottesherrschaft zusammen, die die Mitte seiner Botschaft ausmacht.*

Um den Sinn dieser Verkündigung zu verstehen, müssen wir wissen, was für Jesu Hörer „Anbruch der Gottesherrschaft" bedeutete.

Mit dem Begriff der Gottesherrschaft verband sich seit alters der Glaube und die Hoffnung Israels. Der Glaube sagte: „Der Herr ist König immer und ewig" (2.Mos.15,18). „Der Herr hat seinen Thron im Himmel errichtet, und seine Königsmacht herrscht über das All" (Ps.103,19). „Der Herr wird herrschen in Ewigkeit, dein Gott, o Zion, von Geschlecht zu Geschlecht" (Ps.146,10). Dieser Glaube an Gottes Königsherrschaft über die ganze Welt, über alle Völker und über alle feindlichen Mächte, fand seinen Ausdruck in dem Fest der Thronbesteigung des Herrn, das im alten Israel alljährlich begangen wurde: „Gott ist König geworden über die Völker, Gott hat sich gesetzt auf seinen heiligen Thron." „Ihr Völker alle, klatscht in die Hände! Jauchzet Gott zu mit jubelndem Schall! Denn der Herr, der Höchste ist furchtbar, ein großer König über die ganze Welt. Er zwang Völker unter uns, Nationen unter unsre Füße. Er erwählte uns unser Erbteil, die Herrlichkeit Jakobs, den er liebt. Empor stieg Gott unter Siegesgeschrei, der Herr beim Schall der Posaune" (Ps.47,9.2—6). Mit solchen Psalmen wurde Gottes Königsherrschaft an jenem Festtage gerühmt[a].

Aber dem Glauben an Gottes Königsherrschaft stand entgegen, daß Israel, das einzige Volk, das diesen Gott bekannte und seine Gebote hielt, das „das Joch der Himmelsherrschaft" auf sich genommen hatte, unter die heidnischen Weltvölker geknechtet wurde. Es stand ihm entgegen, daß widergöttliche Mächte, Drangsal, Sünde und Tod sich in der Welt behaupteten. Der Glaube, daß Gott König ist, mußte sich deshalb mit der *Hoffnung* verbinden, daß Gottes Königsherrschaft offenbar werden wird. „Das Offenbarwerden der Herrschaft Gottes ist Inbegriff der Hoffnung, die erst am Ende aller Zeiten Erfüllung finden wird. Noch ist sie verborgen, noch wird sie aufgehalten, noch regieren widergöttliche Mächte — Drangsal, Sünde und Tod —, aber die Hoffnung auf das Erscheinen der Herrschaft Gottes hält unbeirrbar an Gottes Sieg und der Gültigkeit seiner Verheißung fest."

Im Spätjudentum zur Zeit Jesu hatte sich der Glaube an die Königsherrschaft Gottes sehr stark auf die Seite der Hoffnung verlagert. In weiten Kreisen hatte sich diese Hoffnung mit *nationalen Wünschen* verbunden: man erwartete, daß Gott am Ende der Zeiten das alte Davidsreich erneuern und über alle Weltreiche erhöhen werde. Neben dieser nationalen Zukunftserwartung gab es die *apokalyptische*[b], die auf „einen neuen Himmel und eine neue Erde" hoffte und diese Hoffnung mit farben-

---

[a] Siehe auch Ps. 93 und 96.
[b] Das Wort kommt aus dem Griechischen; *apokalypsis* = Offenbarung, Enthüllung. Es bezieht sich auf die „Enthüllungen", welche die Schriften jener Kreise über die selige Endzeit und die ihr vorausgehenden Ereignisse geben. Vgl. die Offenbarung (Apokalypse) des Johannes.

prächtigen Vorstellungen einer seligen Endzeit nährte und durch Spekulationen über den Termin ihres Anbruchs in Gang hielt. Aber „gleichviel welche politischen Träume oder auch welche phantastischen Weltuntergangs- und Welterneuerungserwartungen sich mit der jüdischen Hoffnung verbanden, wesentlich ist, daß ihr die Resignation, die Gott in ein nebelhaftes Jenseits der Ideale verbannt und mit der Unabänderlichkeit der Welt sich abfindet, von Grund auf fremd ist. Auch in ihrer verzerrtesten Gestalt läßt sie sich nicht als ein bloßer jäher Umschlag bitterer Gegenwartsenttäuschung, als ein mit glühenden Farben in die Zukunft entworfenes Gegenbild gegenwärtiger Not und Verzweiflung abtun und damit unter das Verdikt des ‚Ressentiment' (Nietzsche) stellen, so sehr auch solche Züge in die jüdische Hoffnung eingeschrieben sind. Auf ihrem Grunde aber lebt die Gewißheit, daß Gott der Herr dieser rätselhaften Welt ist und nicht ewig in der Ferne bleiben, sondern sich offenbaren und sein Wort einlösen wird. Diese Gewißheit erst macht für jüdischen Glauben das Nochnicht der Gegenwart zur eigentlichen Not und gibt der Hoffnung auf das Kommen der Gottesherrschaft ihre äußerste Spannung."

Die Erwartung mußte fragen: *Wann?* Die Antwort auf diese Frage wurde auf verschiedenen Wegen gesucht. Die nationalen Eiferer, die Z e l o t e n, versuchten, durch ihren bewaffneten Widerstand gegen die heidnische Besatzungsmacht den Anbruch der Gottesherrschaft herbeizuzwingen. Die P h a r i s ä e r bemühten sich darum, durch ihren strengen Gesetzesgehorsam und ihre in freiwilligem Fasten übernommene stellvertretende Buße den Weg für ihn freizuhalten. Die A p o k a l y p t i k e r versuchten, die Frage, wann Gottes Herrschaft kommt „durch Beobachten kosmischer und geschichtlicher Ereignisse, durch phantastische Zahlenspekulationen und durch Aufgliedern der Weltepochen zu beantworten."

Eine andere Antwort gab J o h a n n e s der T ä u f e r. Er verkündigte, daß jener Tag vor der Tür stehe, den das ganze jüdische Volk erwartete (Mt. 3, 2), und er rief zur Buße auf, da das Kommen der Gottesherrschaft für den Unbußfertigen das unerbittliche Gericht bedeuten würde, das ihn vertilgt wie das Feuer die ausgeworfene Spreu (Mt. 3, 8—10. 12).

Wie Johannes der Täufer stellte auch J e s u s an die Stelle der apokalyptischen Berechnung die *Ansage der Gottesherrschaft*. Auch seine Botschaft läßt sich in die Zeitansage zusammenfassen: „Das Reich Gottes ist genaht" (Mk. 1, 15). Nicht anders als der Täufer will auch Jesus durch die Zeitansage zu verstehen geben, *wozu* es an der Zeit ist: „Tut Buße und schenkt der frohen Botschaft Glauben!"

Aber Jesu Verkündigung ist etwas anderes als die einfache und direkte Fortsetzung der Verkündigung des Täufers. Ungeachtet aller Gemeinsamkeiten und Beziehungen, die zwischen dem Täufer und Jesus bestanden, ist zwischen beiden und beider Botschaft ein grundlegender Unterschied. Man kann ihn durch den Unterschied „zwischen elfter und zwölfter Stunde" (Bornkamm) charakterisieren. Denn Jesus ruft: „Die Wende der Äonen ist da, die Herrschaft Gottes bricht schon herein. Die Stunde ist da, von der die Verheißung der Propheten redete: ‚Die Blinden sehen, die Lahmen gehen, die Aussätzigen werden rein und die Tauben hören, die Toten stehen auf und den Armen erklingt die Botschaft vom Heil'" (Mt. 11,5; vgl. Jes. 35,5 u. ö.) „Wenn ich mit dem Finger Gottes Dämonen austreibe, so ist ja die Gottesherrschaft zu euch gelangt" (Lk. 11,20).

Dieser einfache Nenner: Der Täufer sagt: die Gottesherrschaft ist nahe; Jesus sagt: sie ist da — reicht allerdings nicht aus, um den Unterschied zwischen beiden voll zu erfassen. Jesus *verkündigt* den Anbruch der Gottesherrschaft; aber in manchen seiner Worte, in denen es nicht direkt um diese Ankündigung geht, *setzt* er Gottes Gericht und Gottes Heil, die doch unlösbar zu Gottes Herrschaft gehören, nicht anders als seine Zeitgenossen als etwas Zukünftiges *voraus:* „Ihr *werdet* satt werden..."; „ihr *werdet* lachen", heißt es in den Seligpreisungen (Lk. 6, 21 f.), „ihr *werdet* hungern ..."; „ihr *werdet* trauern und weinen..." in den Weherufen (Lk. 6, 25 f.). Die Männer von Ninive, die Königin von Süden *werden* im Gericht auftreten mit diesem Geschlecht und es verurteilen (Mt. 12,41). „Viele *werden* kommen von Morgen und von Abend und zu Tische liegen im Himmelreich mit Abraham und Isaak und Jakob..." (Mt. 8,11). Aber „wer das Reich Gottes nicht annimmt wie ein Kind, *wird* nicht hineinkommen" (Mk. 10,15).

Es besteht eine Spannung zwischen den beiden Gruppen der Worte Jesu . Aber diese Spannung bedeutet keinen Mangel an Konsequenz, eine zufällige bedauerliche Unausgeglichenheit. Sie hat einen positiven Sinn: Zukünftigkeit und Gegenwärtigkeit der Gottesherrschaft werden auf eine neue Weise einander zugeordnet. Wir hatten gesagt: mit dem Begriff der Gottesherrschaft verbanden sich der Glaube und die Hoffnung Israels. Im Spätjudentum verselbständigte sich die Hoffnung gegenüber dem Glauben und war nahezu von ihm gelöst. Man meinte, in einer heilsleeren Gegenwart zu leben, und hoffte auf die heilserfüllte, ja -überfüllte Zukunft. In Jesu Botschaft wird nun diese Hoffnung vom Glauben überholt, und in solchem Einholen, In-sich-hereinholen der Hoffnung, wird der Glaube erst **eigentlich Glaube** .

Jesu Verkündigung geschieht *als* Mitteilung, daß *die Zeit erfüllt* ist (Lk. 10, 23 f.; 10, 18), ja sie beruft sich ausdrücklich auf die *Zeichen der Zeit* (Lk. 12, 54—56). Und dennoch ist sie etwas anderes als die Feststellung, daß die Weltenuhr inzwischen auf 12 vorgerückt ist. Zugespitzt muß man sagen: Die *Zeit*, die der Täufer als bevorstehend, Jesus als angebrochen verkündigt, ist nicht dieselbe — 12 ist nicht gleich 12.

Der Täufer verstand den Anbruch der Gottesherrschaft — nicht anders als das gesamte Judentum seiner Epoche — als die *Grenze der Zeit,* die Grenze zwischen zwei Zeiträumen, zwei radikal verschiedenen Äonen, die die Zeit fein säuberlich in ein Vorher und ein Nachher zerlegt. Die Grenze zwischen der Zeit, in der der Mensch noch handeln kann, und jener, in der er nichts mehr tun kann, weil nunmehr allein Gott handelt. Die Gottesherrschaft ist nahe: das bedeutet: die Zeit drängt! „Schon liegt die Axt an der Bäume Wurzel!" (Mt. 3, 10). Augenblicklich gilt es Buße zu tun, *ehe* die Gottesherrschaft anbricht.

Bei Jesus ist das anders. Der Anbruch der Gottesherrschaft, das ist für ihn nicht die Grenze der Zeit, die durch ihre drängende Nähe der Gegenwart das Gepräge gibt, sie qualifiziert. Der Anbruch der Gottesherrschaft ist selber „*Zeit zu* . . .", nicht anders als es Zeit zu schlafen, Zeit zu essen, Zeit zu arbeiten gibt: Das Verlorene wird gefunden, darum ist es Zeit zur Mitfreude (Lk. 15, 3—10). Die Güte erscheint und will verstanden werden (Mt. 20, 1—16). Die Einladung zum Fest ergeht und will befolgt sein (Lk. 14, 15—24). Die einmalige Gelegenheit ist da und fordert entschlossenes Zugreifen (Mt. 13, 44—46) .

Wenn beide, Jesus und der Täufer, sagen: „Tut Buße, Gott steht vor der Tür!", dann bedeuten die gleichen Worte bei jedem etwas anderes. Beim Täufer bedeutet das: Tut Buße, *ehe* die entscheidende Wende geschieht. Bei Jesus dagegen: *Jetzt* geschieht die entscheidende Wende; *darum* tut Buße und glaubt an die Freudenbotschaft . Und die Buße, die Umkehr, ist dann auch bei Jesus letztlich nichts anderes, als der Freudenbotschaft Glauben zu schenken[c].

Nachdem uns Jesu Verkündigung vom Anbruch der Gottesherrschaft deutlich geworden ist, können wir nunmehr erkennen, warum Jesus mit dieser Verkündigung einen tiefen Gegensatz zwischen sich und seinen Zuhörern aufreißen mußte.

Jesu Zuhörer hatten ihre festen Vorstellungen von dem, was geschehen würde, wenn die Wende der Äonen eintrat. Für sie war es daher ein unerhörtes Paradox, wenn Jesus den Anbruch der Gottesherrschaft ansagte, denn sie bekamen wenig oder nichts von dem zu sehen, was nach ihren Vorstellungen zum Anbruch der Gottesherrschaft gehörte. Es konnte nicht ausbleiben, daß sie Jesu Zeitansage widersprachen. Dieser Widerspruch war

---

[c] Für die Frage, was Buße bei Jesus bedeutet, vgl. die Auslegung zu Lk. 15, 1—10.

kein Streit um Vorstellungen. Es ging um die Frage, ob die entscheidende Wende zum Heil schon geschehen ist.

Jesu Zuhörer hielten es für selbstverständlich, daß diese Frage beantwortet wurde durch das, was sie vor Augen sahen, daß sie eine „objektive" Antwort fand, eine Antwort, die man — in der Rolle des Beobachters — am „Objekt" ablesen konnte. Jesu paradoxe Zeitansage bedeutete aber nicht weniger, als daß die Frage durch die Entscheidung des Glaubens oder Unglaubens beantwortet werden mußte, durch eine „subjektive" Entscheidung, eine Entscheidung des „Subjektes", die für dieses selber entscheidend war. Jesus schließt den Ausspruch, in dem er die Jetztzeit als Heilszeit charakterisiert, in der „Blinde sehen, Lahme gehen ... und den Armen die Freudenbotschaft gepredigt wird" (Mt. 11,5), mit den Worten: „selig ist, der nicht Ärgernis nimmt an mir", oder, wie man, dem Urtext genauer folgend, übersetzen sollte: Wohl dem, der an mir nicht zu Fall kommt! (Mt. 11,6). Er warnt davor, im Blick auf den Verkündiger der Botschaft, den Glauben zu verweigern.

Es geht bei dieser Botschaft um das Ganze, um den ganzen Menschen, um seine Existenz. Es geht um die Frage, worauf der Mensch seine Existenz gründet: auf das, was „vor Augen ist", d. h. auf sein am Sichtbaren orientiertes Verständnis der Welt, oder auf das, was er zu hören bekommt, das Glauben fordernde und ermöglichende Wort. Der Gegensatz, der zwischen Jesus und seinen Hörern bestand, reicht bis in den Grund der menschlichen Existenz hinab. Wer mit Jesus ins Einverständnis kam, der vollzog dabei einen Existenzwechsel, sein Leben wurde auf eine neue Grundlage gestellt. Entgegen dem, was ihm zuvor selbstverständlich gewesen war, lebte er nun aus der Wahrheit des Wortes Jesu.

Den Gegensatz, der am Herzstück von Jesu Verkündigung, seiner Botschaft vom Anbruch der Gottesherrschaft, zwischen Jesus und seinen Hörern aufbrechen mußte, haben wir uns bei der Auslegung der Gleichnisse stets gegenwärtig zu halten, denn die Gleichnisse wurden von Jesus gesprochen, um den Gegensatz zwischen ihm und seinen Hörern zu überbrücken. Sie werben um das Einverständnis seiner Hörer.

Wer ein Gleichnis wagt, um einen solchen Gegensatz zu überbrücken, der geht wirklich ein Wagnis ein. Er nötigt durch sein Wort seine Hörer zu einer Entscheidung, ohne doch den Ausgang dieser Entscheidung in der Hand zu haben. Er wird die Folgen tragen müssen! Es führt eine direkte Linie von Jesu Gleichnissen zu seiner Kreuzigung .

Man kann schlecht annehmen, daß Jesus nicht wußte, was er mit seinen Gleichnissen wagte. Darf man dann nicht sagen, daß er mit den Gleichnissen sein Leben aufs Spiel setzte? Daß er sein Leben wagte an das Wort, das seine Hörer mit ihm ins Einverständnis bringen konnte, das ihnen diesen Existenzwechsel, das ihnen Glauben ermöglichte?

„Kreuzigt ihn, dieser lästert Gott!" Das war die eine Antwort, die auf Jesu Gleichnisse gegeben werden konnte. Aber es war nicht die einzige, die möglich war. Es gab noch eine andere: „Wahrlich, dieser ist Gottes Sohn!" Das war die Antwort derer, die mit Jesus ins Einverständnis kamen, die seiner unerhörten In-Anspruchnahme Gottes recht gaben. Indem sein Wort für sie zur Wahrheit wurde, weil sie es als die Wahrheit erkannten, die immer schon galt, die sie nur verfehlt hatten, wurde Jesus für sie der, der im Namen Gottes sprach.

Der Zeuge des Glaubens starb am Kreuz. Das Zeugnis des Glaubens erstand als Glaube an die Auferstehung. Seither ist die Flamme des Glaubens nie erloschen. Der Glaube führt zur Predigt, und die Predigt bringt zum Glauben. Wo immer aber geglaubt wird, wird Jesus als der erkannt, der die Vollmacht hat, im Namen Gottes zu reden und zu handeln.

VIII. DIE GLEICHNISSE ALS BIBELTEXT

Wir sagten, daß wir versuchen müssen, die Gleichnisse Jesu mit den Ohren ihrer ersten Hörer zu vernehmen, um ihren ursprünglichen Sinn zu erfahren. Aber die Gleichnisse begegnen uns nicht als das mündliche Wort Jesu von Nazareth, sie treten uns als geschriebener Bibeltext entgegen. Wir lesen sie im Neuen Testament; wir finden sie vor im Zusammenhang der Evangelien. Das heißt, die Gleichnisse Jesu werden uns mitgeteilt durch die Überlieferung der Kirche[a].

Überlieferung, wo sie nicht rein mechanisch geschieht, ist aber immer Auslegung. Überliefert wird, was zuvor verstanden wurde, und als das so Verstandene wird es weitergegeben. Die Gleichnisse Jesu, wie wir sie in den Evangelien lesen, sind alle durch das Verstehen der frühen Christenheit hindurchgegangen. Sie werden uns *in einer bestimmten Auslegung übermittelt.*

Das gilt in mehrfacher Hinsicht; zunächst in einem sehr allgemeinen Sinne:

1. Die Einfügung der Gleichnisse in den Zusammenhang der Evangelien und ihre Aufnahme in das Neue Testament bedeutet einen Aus-

---

[a] Gewiß erschöpft sich das, was über die Bibel zu sagen wäre, nicht darin, daß sie ein Buch der Überlieferung ist; aber auch das muß und kann gesagt werden.

legungsvorgang, der das Verständnis dieser Texte in einer entscheidenden Weise festlegt. Selbst wenn keine Silbe des Textes verändert worden ist, haben die Gleichnisse Jesu allein dadurch eine tiefgreifende Umwandlung erfahren.

Das Neue Testament redet von Jesus als dem Christus, dem auferstandenen Gekreuzigten, dem erhöhten Herrn. Wer die Gleichnisse im Zusammenhang des Neuen Testamentes liest, kann sie nicht so vernehmen, wie Jesu Hörer sie vernehmen mußten: als die Worte eines Zimmermanns und wandernden Rabbi aus Nazareth. Das Ärgernis, das Skandalon, das die Gleichnisse Jesu für seine ersten Hörer bedeuteten, geht verloren[b]. Die ungeheure In-Anspruchnahme Gottes, die in ihnen geschieht, verliert ihren Anstoß, wenn man sie von vornherein als das Wort des Gottessohnes hört. Genauer gesagt, aus der Glauben fordernden In-Anspruchnahme Gottes durch den Menschen Jesus von Nazareth wird eine Offenbarungsrede des Christus über Gott und sein Reich, die den Glauben an die ihm von Gott verliehene Vollmacht schon voraussetzt. Während die Gleichnisse, als sie von Jesus gesprochen wurden, das Einverständnis mit Jesus und den Existenzwechsel, der dazu nötig war, erst herbeiführten, werden sie in der Überlieferung der Kirche zu einer Belehrung oder Ermahnung, die schon auf diesem grundsätzlichen Einverständnis beruht[c].

2. Die Urkirche verstand die Worte ihres Herrn als das Wort, das *seiner Gemeinde* gilt. Sie hat deshalb viele Gleichnisse, die zu Gegnern oder zur Menge gesprochen worden sind, als Jüngergleichnisse eingeführt[d].

Das Gleichnis vom verlorenen Schaf (Lk. 15, 4—7; Mt. 18, 12—14), nach der (redaktionellen, aber wohl richtigen) Situationsangabe des Lukas (15, 1—3) zu Pharisäern und Schriftgelehrten gesprochen, wird bei Matthäus (18, 1) zu einem Jüngergleichnis. Auch das Gleichnis von den Arbeitern im Weinberg (Mt. 20, 1—16) wird durch die Einfügung in den Zusammenhang zu einem Jüngergleichnis gemacht. Dasselbe gilt für die Gleichnisse vom Schatz im Acker und der köstlichen Perle (Mt. 13, 44—46; vgl. Mt. 13, 36), für die Parabel vom Schalksknecht (Mt. 18, 23—35; vgl. 18, 21; 18, 1), um nur einige Beispiele zu nennen.

---

[b] Damit soll nicht gesagt werden, daß die Evangelien als Ganze das Skandalon nicht gewahrt hätten.

[c] Das Einverständnis kommt hier durch die Missionspredigt der Kirche zustande. Die überlieferten Jesusgleichnisse dienen nun dem innerkirchlichen Gebrauch.

[d] Wir würden einem Mißverständnis verfallen, wenn wir darin nur das Verkennen eines historischen Tatbestandes sehen würden und nicht das Bekenntnis, daß dieser Jesus von Nazareth der Herr ist und seine Worte etwas anderes als die Worte eines längst verstorbenen Menschen. Wir würden aber ebenso einem Mißverständnis erliegen, wenn wir meinten, auch wir könnten unseren Glauben an Jesus Christus dokumentieren, indem wir — die *uns* aufgegebene historische Frage naiv überspringend — Jesu Worte unmittelbar auf uns beziehen.

Damit ist mehr geschehen, als nur die Nennung eines anderen Adressaten: Indem an die Stelle des tiefgreifenden Gegensatzes, über den hinweg das Gleichnis ursprünglich zum Einverständnis führen sollte, das grundsätzliche Einverständnis gesetzt wurde, änderten die Gleichnisse ihre Struktur. Sie gewannen in dieser Auslegung der Urkirche einen anderen Charakter, durch den ihr Verständnis bis heute bestimmt wird.

3. a) Indem die Gleichnisse Jesu überliefert wurden, wurden sie von ihrer geschichtlichen Ursprungssituation gelöst. Diese Situation läßt sich nicht überliefern wie der Wortlaut der Gleichniserzählung. Allein die Kunde von ihr läßt sich tradieren; aber diese muß dazu erst von der Situation abgelöst, abstrahiert werden, und das wird in der Regel nur dort geschehen, wo ein historisches Interesse vorliegt. Die Tradenten der Gleichnisse Jesu waren keine Historiker. Sie dienten anderen Interessen. Dementsprechend überlieferten sie allein, was Jesus gesagt hatte, also die „Bildhälfte" der Gleichnisse, und ließen uns in der Regel ohne jede Kunde von ihrer geschichtlichen Ursprungssituation.

b) In der mündlichen Überlieferung liefen die Jesusgeschichten und die Worte Jesu, also auch die Gleichnisse, zunächst einzeln um , da sie ja auch einzeln entstanden waren. In den frühen Sammlungen wurden sie unverbunden aufgereiht . Erst die Evangelisten stellten den Zusammenhang zwischen den einzelnen Überlieferungsstücken her. Sie ordneten das gesamte Traditionsgut zu einem „Lebenslauf" Jesu. Ortsangaben, Zeitangaben, typische Übergangswendungen und eine Anzahl schematischer Szenerien bildeten gleichsam den Mörtel, mit dem sie die einzelnen Steine der Überlieferung zum Bau des „Evangeliums" zusammenfügten .

Dabei muß man beachten, daß die Evangelien nicht einem historisch-biographischen Interesse ihre Entstehung verdanken, sondern einem theologischen Motiv. Sie wollen zum Ausdruck bringen, daß der, den die Kirche als ihren Herrn und Heiland bekennt, kein anderer ist als Jesus von Nazareth, und wiederum, daß der, den die Menschen ans Kreuz geschlagen haben, von Gott „ausgewiesen ist durch Zeichen und Wunder" (Apg. 2,22), „auferweckt" (Apg. 2,24) und „zum Herrn und Heiland gemacht ist" (Apg. 2,36).

Auch in der Anordnung des Traditionsstoffes in den Evangelien sind theologische Motive wirksam. Sie sind bestimmend oder zumindest mitbestimmend dafür, an welcher Stelle ein Traditionsstück in den Zusammenhang eingeordnet wird, mit welchen Überlieferungsstücken es zusammengestellt wird und welchen Rahmen es erhält.

Daraus ergibt sich für die Gleichnisse Jesu: *Der Textzusammenhang* in den Evangelien, *in dem wir die Gleichnisse Jesu vorfinden, sagt* (in der

Regel*) *nichts aus über die geschichtliche Situation, in der sie ihren Ursprung haben; er sagt aber sehr viel darüber aus, wie die Gleichnisse Jesu in der Urkirche verstanden wurden.*

4. Die Urkirche überlieferte die Worte Jesu nicht aus einem historischen Interesse, sondern zur Erbauung der Gemeinde, zum Gebrauch in Predigt und Unterricht, für die Ermahnung und zur Verkündigung. Dementsprechend wurden auch die Gleichnisse Jesu von ihr unmittelbar auf ihre eigene Lage bezogen, auf ihre Probleme und Schwierigkeiten. Denn von den Worten ihres Herrn erwartete sie darin Antwort und Weisung. Deshalb gilt es auch noch in einem engeren Sinne, daß uns die Gleichnisse in einer bestimmten Auslegung überliefert sind. Diese Auslegung im engeren Sinne, der „Kommentar" zu den Gleichnissen, wird uns von der Urkirche in verschiedener Weise mitgeteilt.

a) Vielfach werden die Gleichnisse ausgelegt durch eine *Anwendung*ᶠ, die dem Text beigegeben wurde. Der größte Teil dieser nachträglich hinzugefügten Anwendungen, die teilweise schon in der mündlichen Tradition hinzugewachsen sind, teilweise erst auf die Evangelisten zurückgehen, besteht aus verallgemeinernden Sprüchen (= Logien).

Mt. 20, 16 (Arbeiter im Weinberg): So werden die Letzten Erste und die Ersten Letzte sein.
Mt. 22, 14 (Hochzeitsmahl): Viele sind berufen, wenige aber auserwählt.
Mt. 25, 29 (Anvertraute Gelder): Jedem, der hat, wird gegeben werden, und er wird im Überfluß haben; dem aber, der nicht hat, wird auch das genommen werden, was er hat.
Lk. 18, 14 b (Pharisäer u. Zöllner): Jeder, der sich selbst erhöht, wird erniedrigt werden; wer sich aber selbst erniedrigt, wird erhöht werden.
(Vgl. Mt. 25, 13; Lk. 11, 10; 12, 21; 16, 10; 16, 13 u. a. .)

„In der Anführung des generalisierenden Schlußlogions spricht der christliche Prediger oder Lehrer", der das Wort des Herrn auslegt. Indem man den Gleichnissen Jesu, die ursprünglich auf eine konkrete Situation bezogen waren, „einen allgemeingültigen belehrenden oder paränetischen [ermahnenden] Sinn entnahm", machte man sie „für die Gemeinde brauchbar" .

b) Mitunter wurde einem Gleichnis eine ausführliche Deutung beigegeben.

Mk. 4, 14—20; Mt. 13, 37—43; 13, 49 f.

c) Verschiedentlich wurde das Verständnis des Gleichnisses durch eine redaktionelle Situationsangabe festgelegt.

ᵉ Natürlich muß die Frage nach der Zusammengehörigkeit von Gleichnis und Kontext für jedes einzelne Gleichnis gestellt werden.
ᶠ Siehe o. S. 20 f.

Der redaktionelle Rahmenvers Lk. 19,11 macht die Parabel von den anvertrauten Geldern zu der allegorischen Aussage, daß Jesus noch nicht sogleich seine Herrschaft antritt, sondern erst bei seiner Wiederkunft, seiner Parusie. Daß jetzt vielmehr die Zeit ist, in der seine Knechte wirken sollen und auch seine Feinde noch die Möglichkeit zur Wirksamkeit haben, bis er am Ende der Tage die treuen Knechte lohnen, die ungetreuen aber und seine Feinde bestrafen wird.

Der redaktionelle Rahmenvers Lk. 18,1 macht die Parabel vom ungerechten Richter zu der Mahnung, beharrlich zu sein im Gebet.

d) Mitunter zeigen auch ein redaktioneller Rahmenvers und eine Anwendung gemeinsam, wie das Gleichnis verstanden werden soll.

Lk. 18,9 und 18,14b zeigen, daß Lukas die Beispielerzählung von Pharisäer und Zöllner als Warnung vor Hochmut und Selbstgerechtigkeit und als Mahnung zur Demut verstanden hat.

e) Mehrfach wird die Auslegung des Gleichnisses allein durch die Einfügung in den Zusammenhang gegeben. Verschiedentlich ergänzen sich Zusammenhang und Anwendung.

Die Gleichnisse vom Schatz im Acker (Mt. 13,44) und von der köstlichen Perle (Mt. 13,45 f.), von Matthäus zwischen die Deutung des Gleichnisses vom Unkraut (Mt. 13, 37—43) und das Gleichnis vom Fischnetz samt seiner Deutung (Mt. 13,47—50) gestellt, sollen in diesem Zusammenhang „das Verhalten derer illustrieren, die dereinst wie die Sonne im Reich ihres Vaters als die Gerechten (13,43) leuchten werden, das Verhalten der völligen Hingabe, des radikalen Gehorsams."

Fassen wir das Ergebnis unserer Überlegungen zusammen: *Sobald wir die Gleichnisse Jesu im Zusammenhang der Evangelien und des Neuen Testamentes betrachten, bekommen wir es mit der Auslegung dieser Texte durch die kirchliche Überlieferung zu tun. Wollen wir die Gleichnisse vernehmen, wie Jesus sie gemeint hat und seine Hörer sie verstehen mußten, müssen wir kritisch hinter die Evangelien zurückgehen* .

Dieser kritische Rückgang bedeutet nicht, daß wir das, was die Überlieferung zu den Gleichnissen hinzugetan hat, als ein wertloses Verpackungsmaterial betrachten, das man fortwirft, sobald man herausgeschält hat, was darin eingewickelt war. Er bedeutet nur, daß wir verschiedene Schichten des Textes unterscheiden, von denen jede ihren Eigenwert hat. Die Gleichnisse Jesu in dem Sinne, den sie durch die Auslegung der Urkirche gewonnen haben, sind gleichermaßen Text für die kirchliche Predigt und die evangelische Unterweisung, wie es die Gleichnisse Jesu in ihrer ursprünglichen Bedeutung sein können. Nicht anders geben ja auch die Briefe des Apostels Paulus ebenso Predigttexte ab wie die Worte Jesu.

Wer die Aufgabe hat, in Predigt oder Unterricht ein Gleichnis Jesu auszulegen, muß sich entscheiden, ob er sich an seinen ursprünglichen Sinn halten oder ob er der Auslegung der Evangelisten bzw. einer früheren Schicht der kirchlichen Überlieferung folgen will. Beides ist nicht selten gleicherweise möglich wie gerechtfertigt, aber man darf es nicht miteinander vermischen .

Die irreführende Vermischung der Bezüge ist so leicht bei der Hand, daß es großer Achtsamkeit bedarf, um sie zu vermeiden. Fragen wir nach dem Sinn, den die Gleichnisse im Munde Jesu hatten, dann ist diese Vermischung schon in dem Augenblick geschehen, wo wir es unterlassen zu bedenken, daß die Adressaten seiner Worte nicht schon Christen waren. Fragen wir nach der Bedeutung, die das Gleichnis in der Auslegung des Evangelisten gewonnen hat, dann ist die unrechtmäßige Vermischung schon da im Gang, wo wir die Situation, der die Rahmenverse das Gleichnis zuordnen, unkritisch für die geschichtliche Situation halten, in der Jesus das Gleichnis gesprochen hat.

Wir haben uns in dem vorliegenden Buche auf die Frage nach dem ursprünglichen Sinn der Gleichnisse beschränkt. Die Auslegung der Gleichnisse durch die Evangelisten bzw. die vor ihnen liegende Überlieferung wurde nur soweit berücksichtigt, wie sie sich in den Rahmenversen oder den (nachträglich hinzugesetzten) Anwendungen der Gleichnisse niedergeschlagen hat.

Wir gingen dabei von der Überlegung aus, daß der Leser, sofern er nur in geringem Umfang in die Arbeitsweise der Auslegungswissenschaft eingeführt ist, für diese Frage der Hilfe des Fachtheologen am stärksten bedarf. Hinzukommt, daß sich die Frage, was ein Gleichnis im Verständnis des Evangelisten bedeutet, oft zufriedenstellender beantworten läßt, wenn man zuvor weiß, was Jesus damit sagen wollte. Demnach sollte die Frage nach dem ursprünglichen Sinn der Gleichnisse in jedem Falle gestellt werden, während sich die Frage nach ihrer Auslegung in der Überlieferung der Urkirche zurückstellen läßt. Beide Fragen mit gleicher Intensität zu stellen, erschien uns aber nicht nur eine Überforderung des Verfassers, sondern auch der Leser. Das gilt vor allem deshalb, weil der Sinn, den die Gleichnisse im Zusammenhang der Evangelien haben, nicht zutreffend ermittelt werden kann, ohne daß in breitem Umfang auf die Komposition der Evangelien und die theologischen Motive der einzelnen Evangelisten eingegangen wird.

Es hat aber auch noch einen anderen Grund, wenn wir ausdrücklich nach dem Sinn der Gleichnisse *Jesu* fragen. Diese Gleichnisse — Worte, die nicht an Jünger, sondern an Gegner, nicht an Glaubende, sondern an Nichtglaubende gerichtet waren — können uns heute, wo der Glaube an Jesus als den Christus den Schein der selbstverständlichen allgemeinen Voraussetzung zu verlieren beginnt, besonders helfen, das Evangelium weiterzusagen und zum Verstehen zu bringen, was mit ihm gemeint ist.

AUSLEGUNGEN

1. DIE ERZÄHLUNG VOM BARMHERZIGEN SAMARITER

(Lk. 10, 25—37)

Die Frage des Schriftgelehrten und ihr geschichtlicher Hintergrund

Mit der Erzählung vom barmherzigen Samariter antwortet Jesus auf die Frage eines Schriftgelehrten: „Wer ist denn mein Nächster?"

Der Frager hat Jesus mit „Meister", also mit „Rabbi" angeredet und ihn damit als gleichberechtigt anerkannt. Er legt ihm eine Frage vor, wie man es damals tat, um einen fremden Rabbi auf seine Kenntnisse zu prüfen [a].

Die Frage war nicht ungewöhnlich, und sie war gewichtig genug, um sich zu solch einer Prüfung zu eignen: Jesus soll seine Ansicht darüber äußern, wer als Genosse [b] anzusehen ist und wer nicht. Alle antiken Kulturen ziehen eine Grenze zwischen denen drinnen und denen draußen, und im Umgang mit den Menschen, zu denen man gehört, gelten andere Gesetze als im Verkehr mit den übrigen . Das war in Israel nicht anders. War z. B. das Zinsnehmen beim Geldverleihen verboten, so galt dieses Verbot selbstverständlich nur gegenüber dem Genossen [c]. Als Genosse galt im alten Israel nicht nur jeder, der zum Gottesvolk gehörte, sondern auch die heidnischen Fremdlinge, die im Lande wohnten. Die Grenzen zwischen „Drinnen" und „Draußen" deckten sich im wesentlichen mit der Wohngemeinschaft, und die Frage war kein Problem. Anders zur Zeit Jesu: In größerem Umfange waren Heiden ins Land gekommen: Römer, Syrer,

---

[a] Das Wort, welches Luther mit „versuchen" übersetzt, „ist Fachausdruck für das Stellen einer schwierigen Lehrfrage, damit an ihr deutlich werde, ob der Gefragte ein wirklicher Gelehrter sei. Ein wirklicher Gelehrter ist nämlich der, der auf jede Frage, die man hinsichtlich der Halachah, des Lebenswandels, stellt, alsbald richtig zu antworten weiß. Das, was der Gesetzeslehrer tut, heißt man ‚An die Krüge riechen'" (Bornhäuser, a.a.O. S.65). Wir würden das Wort demnach eher mit „auf die Probe stellen" übersetzen. Möglicherweise verband man zu Luthers Zeiten mit „versuchen" noch einen anderen Sinn. Mit „Versuchung" hat die Frage des Schriftgelehrten jedenfalls nichts zu tun; das läßt weder der griechische Sprachgebrauch zu, noch ist es durch die Situation gegeben. Nicht ausgeschlossen ist jedoch ein Verständnis, daß solche Prüfung in Erwartung eines negativen Ergebnisses geschah (vgl. Bugge, a.a.O. S. 389).

[b] Es wäre nicht richtig, hier schon vom „Nächsten" zu sprechen, denn „der christliche Begriff des ‚Nächsten' ist das Ergebnis der Geschichte, nicht der Ausgangspunkt" (Jeremias, S. 201, Anm. 1).

[c] 5. Mos. 23, 19 f.

Griechen. Die Frage, wer zu den Genossen zu zählen sei, mußte neu gestellt werden. Jetzt rechnete man außer den Juden nur noch die Vollproselyten dazu, jene Heiden, die ganz zum jüdischen Glauben übergetreten waren. Es gab sogar Gruppen im Volk, die die Grenze noch enger ziehen wollten: Die Pharisäer waren geneigt, die Masse der gesetzesunkundigen Land- und Stadtbevölkerung, die weder Zeit noch Möglichkeit noch Willen hatte, die vielen Einzelforderungen des Gesetzes, die vielerlei Reinheitsvorschriften und Zehntgebote zu lernen und zu halten, auszuschließen. Die strenge Ordensgemeinschaft der Essener rechnete nur ihre Ordensangehörigen dazu, und im Volk war die Ansicht verbreitet, daß die Forderung des Liebesgebotes vor dem persönlichen Gegner haltmachen dürfe .

Alle Bestimmungen des Gesetzes, die das Verhältnis zum Genossen regeln sollten, hingen in der Luft, wenn nicht eindeutig feststand, wer als Genosse zu gelten hatte. „Was kann man denn von mir verlangen?", das ist die Frage, die unausgesprochen hinter der nach dem Nächsten steht, auch dann, wenn diese Frage nur als „akademische Frage" gestellt ist. Sehr genau findet der Schriftgelehrte in den 613 Vorschriften des heiligen Gesetzes festgelegt, was man von ihm verlangen kann; hier an dieser Stelle ist eine Lücke, und — einerlei, ob er an Jesus eine echte Frage stellt oder nicht — seine Tendenz geht dahin, diese Lücke zu schließen.

Denn dieses Wissen, „was man von mir verlangen kann", ist wie ein Gehäuse, in dem es sich beruhigt leben läßt, weil alles darin vertraut ist. Dabei ist gar nicht so wichtig, ob dieses „Gehäuse" vielleicht eng und unbequem ist — es gab damals sehr viele sehr unbequeme Vorschriften! Die Hauptsache ist die Sicherheit, die es gewährt. Das Bestreben, möglichst auch noch die letzten offenen Fragen mit Perfektion zu lösen, gleicht dem Bemühen, auch noch die letzte Türe zu verschließen, damit nichts Ungewöhnliches und Unbewältigtes mehr begegnen kann. Man will „klare Verhältnisse", ist aber zugleich bereit, den Anforderungen, die gestellt werden, mit Ernst und Hingebung zu genügen.

Das Gesetz überliefert uns die Welt als eine perfekt ausgelegte und damit grundsätzlich bewältigte. Der Mensch braucht diese Bewältigung nur noch für sich nachzuholen, so wie jeder Schüler das Lesen und Schreiben nachholen, aber nicht erfinden muß.

Die Antwort Jesu

Das ist der Hintergrund der Frage, auf die Jesus mit seiner Erzählung antwortet . Sie ist kein Gleichnis, sondern eine Beispielerzählung: Die rechte Einstellung soll nicht auf einem anderen Lebensgebiet gewonnen und dann auf das zur Frage stehende Problem übertragen werden, sondern die Sache, um die es geht, wird an einem besonders günstig gewählten, beispielhaften Einzelfall direkt zur Sprache gebracht[d].

Die Straße von dem hochgelegenen Jerusalem nach Jericho ins Jordantal hinab führt durch eine menschenleere, felsige Einöde und ist selbst heute noch für Raubüberfälle berüchtigt. Ein Mann, der dort — sogar seiner Kleider beraubt — schwer verwundet von Räubern seinem Schicksal überlassen wird, muß elend zugrunde gehen, wenn er keinen Helfer findet. Ein Priester oder ein Levit, ein Tempeldiener[e], unterwegs von Jerusalem nach Jericho oder auch in umgekehrter Richtung war nichts Besonderes. Jericho war eine Priesterstadt, und jeder Priester oder Levit mußte sich dann, wenn diejenige der 24 Dienstgruppen, zu der er gehörte, den Tempeldienst versah, für acht Tage in Jerusalem einfinden .

Priester und Levit gehen vorüber, ohne sich um den Hilflosen zu kümmern. Die vielfach gemachten Versuche, dafür aus einer besonderen Vorschrift ihres Standes einen Entschuldigungsgrund zu finden, lassen sich nicht halten und sind auch nicht im Sinne der Erzählung, der es ja gerade auf den Kontrast zwischen dem Verhalten dieser Kultusbeamten und des Samariters ankommt . Sie gehörten zur Oberschicht und standen dadurch besonders im Blickfeld. Es fiel jedoch nicht auf, daß gerade ihnen durch die Erzählung die Rolle der Unbarmherzigkeit zugeschrieben wird, denn die Priesterschaft war zur Zeit Jesu übel beleumdet .

Erstaunlich und verletzend war es jedoch für den Zuhörer Jesu, daß ausgerechnet ein Samariter die Rolle des Barmherzigen erhält[f]. Zwischen

---

[d] Vgl. o. S. 8 f.

[e] „Innerhalb der Priesterschaft waren die Leviten ein Stand von niederen Klerikern (vgl. 4.Mos. 3, 5 ff.; 8, 5 ff.; 1.Chr. 23). ‚Sie waren die unmittelbaren Gehilfen der Priester im Opferdienst und in der Aufsicht über den Tempelplatz, durften aber bei Todesstrafe sich dem Altar und dem Heiligtum selbst nicht nahen (4.Mos. 18,3). Sie enthäuteten die Opfertiere, besorgten das Schlachten und Zurichten, etliche von ihnen bereiteten die Schaubrote für jeden Sabbat (1.Chr. 9, 31 f.). Außerdem hatten die Leviten die Reinigung des Tempels zu verwalten' (Volz, Die biblischen Altertümer, S. 75)." Die Christenlehre, Jg. 3 (1950), Heft 2, U 21.

[f] „Samarien ist die Landschaft von Palästina zwischen Judäa und Galiläa ... Die Bevölkerung von Samarien war seit dem Jahre 722 v. Chr. gemischt aus den Israeliten, die von den Assyrern nicht mit in die Verbannung geführt worden waren, und aus den heidnischen Völkerschaften, die im Lande angesiedelt wurden. Die israelitische Religion wurde nicht mehr streng beachtet [siehe 2.Kön. 17]. Deshalb wurden die Samariter von den Juden, die im Jahre 536 aus der Verbannung zurückkehrten, nicht als echte Volksgenossen anerkannt und nicht zum Bau des neuen Tempels in Jerusalem zugelassen. Auf dem Berge Garizim bauten sie sich dann einen eignen Tempel. Noch zu Jesu Zeiten galten sie den Juden als minderwertig, und man vermied den Verkehr mit ihnen (Joh. 4,9)." Zürcherbibel, Anhang zum NT, Nr. 119.

den Juden und diesem ketzerischen Mischvolk herrschte unversöhnlicher Haß. Auf jüdischer Seite ging er so weit, daß die Samaritaner in den jüdischen Synagogen öffentlich verflucht wurden und man Gott darum bat, sie möchten am ewigen Leben keinen Anteil erhalten; daß man von einem Samaritaner weder ein Zeugnis glaubte noch eine Dienstleistung annahm . Bei den Samaritanern war dieser Haß nicht geringer; sie brachten es fertig, in den Jahren zwischen 6 und 9 vor Christi Geburt einen jüdischen Passahgottesdienst dadurch unmöglich zu machen, daß sie den Tempelplatz durch das Ausstreuen menschlicher Gebeine verunreinigten . Warum nennt Jesus hier einen Samaritaner und nicht — wie der Zuhörer sicher nach Priester und Levit erwartet hatte — einen jüdischen Laien ? Der Samaritaner hat in den Augen des Zuhörers nicht mehr mit den Juden gemeinsam, als daß er eben auch ein Mensch ist. Wenn er es ist, der die Barmherzigkeit übt, dann ist sie etwas, das der Mensch am Menschen tut. Jede Möglichkeit, sie der Landsmannschaft oder Religionsgemeinschaft zuzuschreiben, ist ausgeschlossen . „Dadurch wird die begrenzte Frage nach dem durch Volks- oder Religionszugehörigkeit zu bestimmenden Genossen umgeprägt zu der Frage nach dem Nächsten, der uns in jedem Menschen begegnen kann" (Weeber).

Das Tun des Samariters findet sein Maß an der Not des Nächsten; dadurch erhält es seine Einfalt. Es wird alles getan, dessen der Hilflose bedarf, nicht mehr und nicht weniger. Seine Wunden werden versorgt. (Öl und Wein waren sowohl gemischt als auch getrennt gebräuchliche Mittel in der Wundpflege.) Da er unfähig ist zu gehen, wird er auf dem Pferde oder Maultier des Samaritaners aus der menschenleeren Einöde herausgebracht, erhält von ihm im Gasthaus zu essen [g], und der Samariter kommt auch für seine weitere Versorgung auf, damit der Hilflose nicht am nächsten Tag vor die Tür gesetzt wird. Zwei Denare gibt er dem Wirt [h]. Darüber hinaus verspricht er aber, daß *er* für die ganzen Unkosten aufkommen wird, auch wenn sie noch höher sein sollten. Der Wirt soll keinen Schaden haben; auf der Rückreise will er den Rest bezahlen .

Im Anschluß an die Erzählung fragt Jesus den Schriftgelehrten: „Welcher von diesen dreien dünkt dich, ist dem, der unter die Räuber gefallen war, der Nächste gewesen?" „Während der Schriftgelehrte V. 29 nach dem Objekt der Liebe fragte (wen muß ich als Gefährten be-

---

[g] Das ist dem Sprachgebrauch des griechischen Wortes zu entnehmen, das unsere Übersetzungen — wörtlich korrekt — mit „pflegte ihn" (V. 35) wiedergeben (siehe Jülicher II, S. 591).

[h] Das ist ein zweifacher Tagelohn, wie wir aus Mt. 20, 2 wissen. Eine weitere Vergleichszahl ist die Angabe, daß der Tagesbrotbedarf eines Menschen einem Preis von $1/_{12}$ Denar entsprach (Jeremias, S. 203).

handeln?), fragt Jesus V. 36 nach dem Subjekt der Liebe (wer hat als Gefährte gehandelt?)." Diese Verschiebung der Frage bereitet uns Schwierigkeiten. Unsere Schwierigkeiten kommen jedoch nur daher, daß wir V. 36 eine falsche Funktion zuschreiben. Wir nehmen an, daß in V. 36 die Frage von V. 29 wieder aufgenommen werden soll, um dann eine abschließende Antwort zu bekommen. Aber die Erzählung selber, und nichts anderes, ist die Antwort auf jene Frage. Wir dürfen nicht erwarten, daß in V. 36 f. eine Lehre aus der Erzählung gezogen wird, die die Frage in V. 29 beantwortet und die Erzählung — als bloße Einkleidung dieser Wahrheit — hinter sich läßt. V. 36 gehört zur Erzählung wie der Wegweiser zur Straßenkreuzung. Er soll die Blickrichtung sichern auf das, worauf es dem Erzähler in der Geschichte ankommt. Stilgemäß mußte die Frage V. 36 so gestellt werden, daß sich die Antwort in engem Anschluß an die Erzählung formulieren ließ (vgl. Lk. 7, 43 und Mt. 21, 41). Dann konnte aber schwerlich anders gefragt und geantwortet werden .

Die Bedeutung der Antwort Jesu

Durch die Erzählung vom barmherzigen Samariter bringt Jesus die Frage nach dem Nächsten an den richtigen Ort. Wir würden jedoch zu kurz greifen, wenn wir das — im Blick auf die Aufforderung: „Gehe hin und tue desgleichen!" — so verstehen wollten, als riefe Jesus nur von der Theorie zur Praxis zurück. Er tut unendlich viel mehr: er ruft den Menschen fort von dem Ort, wo er die Welt nur als solche zu Gesicht bekommt, die durch ein möglichst vollkommenes Gesetz grundsätzlich bewältigt ist, hinein in die Bewegung geschichtlichen Lebens[i].

[i] Damit wird die Weltauslegung, die das Gesetz gibt, nicht aufgehoben; ohne solche überlieferte Bewältigung der Welt vermöchten wir gar nicht zu leben. Aber diese Auslegung der Forderung begegnet uns nunmehr als geschichtlicher Anspruch, zu dem wir selber, selbständig, Stellung zu nehmen haben. Wir können uns nicht mehr dahinter verschanzen, daß etwas geboten oder nicht geboten sei. Die Frage „was kann man von mir verlangen" kann fortan so nicht mehr gestellt werden. Was in Wahrheit gefordert ist, erweist sich in der Situation, sei es, indem ich ihr entspreche, sei es, indem ich nachträglich erkenne, daß ich sie verfehlt habe. Das bloße Festhalten an dem, was die gesetzliche (d.h. die allgemeine) Forderung verlangt (was *man* von mir verlangen kann), ist gleichbedeutend damit, sich dem Anspruch, der Anrede der konkreten Situation zu entziehen. Damit verbannt sich der Mensch selber in eine stumme Welt, in eine Wüste, die ihm nichts darreicht, wovon er leben kann, so daß er ganz auf sich selber geworfen ist.
Vgl. auch die Auslegung von Schlatter zur Stelle: „Das ist das Ende der Kasuistik. Damit hat Jesus das Handeln nicht auf eine Satzung gestellt, sondern auf das, was die Wirklichkeit zeigt, verlangt und ermöglicht. Das Gebot bekommt seine Auslegung, die seine Anwendung regelt, durch das, was die Bewegung des Lebens dem Menschen vor sein Auge stellt. *Dahinter steht jener Gottesgedanke, der sagen kann: Kein Vogel ist vergessen vor Gott, 12, 6.*" (S. 287 f. Hervorhebung von mir.)

Die Erzählung läßt zwar keinen Zweifel darüber, daß es wirklich gilt, das gleiche zu tun wie der Samariter, und unser Gewissen sagt dazu unumwunden ja; aber nur in derselben Einfalt wie jener können wir wirklich das gleiche tun, wenn wir uns nämlich ganz von der Not des Menschen bestimmen lassen, der uns begegnet. Und das läßt sich nicht „machen". Sobald wir uns aus unserem „Weltgehäuse" herausrufen lassen in das unverstellte Leben geschichtlicher Begegnung, werden wir unweigerlich die Erfahrung machen, daß wir der Möglichkeit ausgesetzt sind, unser Leben zu verfehlen, ja immer schon dabei sind, es zu tun. Dann wird die Frage nach unserem Leben in einer Weise wach, daß wir uns nicht mehr selber die Antwort darauf geben können. Es ist nicht mehr diese oder jene Schuld, für die wir Vergebung nötig haben, sondern unser ganzes Leben bedarf der Rechtfertigung. Man wird vielleicht sagen müssen, daß nur dann, wenn diese Frage unseres Lebens eine Antwort findet, sich ein Leben in geschichtlicher Begegnung wirklich durchhalten läßt, und daß es in der christlichen Predigt eigentlich um nichts anderes geht als um diese Antwort auf diese Frage .

Die Geschichte des Textes

Das Gespräch des Schriftgelehrten mit Jesus über die Frage, wer der Nächste sei, wurde im Laufe der Überlieferung mit einem anderen Gespräch eines Schriftgelehrten mit Jesus verbunden, in dem das Stichwort „Nächster" gleichfalls vorkam. Da beide Gespräche sich sachlich ergänzten, konnte es geschehen, daß die gleiche oder sehr ähnliche Situationsangabe einmal wegfiel und es hernach so aussah, als handele es sich um ein einziges Gespräch . Das andere Gespräch — Lk. 10, 25—28 — hat im Laufe der Überlieferung verschiedene Veränderungen erfahren. Wir lesen es am besten bei Mk. 12, 28—31 nach, wo es in der ursprünglichen Fassung erhalten geblieben ist .

Ein Schriftgelehrter legt Jesus eine Frage vor, wie sie damals unter den Schriftgelehrten verhandelt wurde: „Welches ist das vornehmste Gebot?" Man zählte 613 Gebote in der Thora, die Volksgesetz und Gottesgesetz in einem war. Jene ungeheure Zahl war dadurch entstanden, daß man die gesetzlichen Forderungen des Alten Testaments durch viele ins einzelne gehende juristische und kultische Bestimmungen ergänzt hatte, um sie wie durch einen Zaun vor Übertretungen zu schützen und jede Lücke zu schließen, die durch den Wandel der geschichtlichen Verhältnisse entstehen konnte. Bis in den Buchstaben hinein galt die Thora als göttliche Forderung, und man war der Meinung, daß alle Gebote ohne Unterschied gehalten werden müßten, weil Gott sie geboten hatte. Aber man legte sich zuweilen doch die Frage vor, welches der Gebote das schwerste und wichtigste sei .

Die Antwort Jesu lautet anders, als der Schriftgelehrte sie erwartet haben wird: Jesus wählt nicht eines unter den Geboten aus, um ihm unter den übrigen den relativen Vorrang zu geben, sondern er behauptet von den beiden Schriftstellen, die er zum „Doppelgebot der Liebe" zusammenfaßt, daß in ihnen „das ganze Gesetz und die Propheten hängen", wie Matthäus (22,40) den Sinn der Worte Jesu richtig interpretiert . D. h. aber: dem Menschen wird der Schlüssel in die Hand gegeben zum *Verständnis* dessen, was geboten ist. Während er bisher an die unübersehbare Zahl der Einzelgebote gewiesen war, die er befolgen sollte, weil sie geboten waren, stellt Jesus ihn vor den einheitlichen Gotteswillen und macht ihn damit unmittelbar verantwortlich vor Gott.

Im Laufe der Überlieferung und unter dem Eindruck der eigenen Erfahrungen wurde es immer schwerer, den fragenden Schriftgelehrten als gutwillig zu verstehen, und das Schulgespräch wurde in ein Streitgespräch umgewandelt. Für diese Stilform war es typisch, daß die Antwort entweder durch ein Gleichnis oder durch eine Gegenfrage gegeben wurde, die dem Frager heimleuchtete . Diese Gegenfrage finden wir in der lukanischen Fassung 10,26. Sie bedeutet nicht, daß Jesus die Frage einfach zurückgibt. Vielmehr gibt sie dem Frager zu verstehen, daß Jesus in dieser Frage mit der Bibel übereinstimmt und sie damit in der einzig möglichen und rechten Weise beantwortet . Die Annahme, daß im ganzen Alten Testament selbstverständlich nur *eine* Antwort auf die Frage zu finden sei, war natürlich erst möglich, nachdem man gewohnt war, Gottes Gebote mit diesen Worten zusammenzufassen und darin den tiefsten Sinn aller alttestamentlichen Gebote zu sehen. Die Umformung des Bibelzitates gegenüber Markus — die beiden Schriftstellen erscheinen bei Lukas wie eine einzige — lassen auf einen katechismusartigen Gebrauch dieser Zitatenkomposition schließen. Die Erwiderung Jesu ist nicht so sehr ein Lob für den Frager, als vielmehr die Bestätigung, daß er Jesu Ansicht getroffen habe . Das Streitgespräch scheint somit die Übereinstimmung von Jesu Lehre mit der Schrift zu erweisen, eine Frage, die für die Auseinandersetzung der Urgemeinde wichtig gewesen sein dürfte.

Lukas hatte dieses Gespräch an heidnische Leser zu vermitteln, für die solche schriftgelehrten Disputationen nicht mehr verständlich waren. Er hat ihnen die Frage nach dem größten Gebot als die Frage nach dem ewigen Leben verdolmetscht, die er in der Geschichte vom Reichen Jüngling fand .

Ob von ihm auch die Aufforderung in V. 28 stammt, die so gut auf diese Frage Bezug nimmt? Er (oder einer seiner Vorgänger?) hat die beiden Streitgespräche als ein einziges verstanden und vermutlich in V. 29 die Worte „er aber wollte sich rechtfertigen" eingefügt, weil er darin den Grund zu finden glaubte, weshalb der Schriftgelehrte das Gespräch nach Jesu Antwort noch weiter führt. Dadurch verloren die V. 25—28 ihre Selbständigkeit. Sie wurden zu einer Einleitung der Erzählung vom barmherzigen Samariter gemacht, und der Text erhielt die Fassung, in der er uns heute vorliegt.

2. PHARISÄER UND ZÖLLNER
(Lk. 18, 9—14)

Unser Verständnis der Beispielerzählung[a] vom „Pharisäer und Zöllner" ist schon durch die Wirkung dieser Erzählung in der christlichen Tradition bestimmt. Der Pharisäer ist zum Typus des pharisäisch-heuchlerisch-hochmütigen Frommen geworden, während „der neutestamentliche Zöllner für uns mit einer religiösen Patina überzogen, fast von einem Heiligenschein umgeben, der Idealtyp des demütigen Sünders" ist . Wollen wir die Geschichte recht verstehen, müssen wir jedoch Abstand nehmen von diesem Vorurteil und versuchen, die Erzählung so zu hören, wie Jesu Zuhörer sie vernehmen mußten.

Jesu Zuhörer und der Pharisäer

Jene Gestalt, die wir fast als Karikatur empfinden, sahen Jesu Zuhörer mit anderen Augen an: Ein Musterbild eines frommen Menschen wird hier gezeichnet, angesichts dessen jeder bekannt hätte: Ja, so müßte man sein! Mit dankbarer Freude kann dieser Mensch vor Gott hintreten : Mit Gottes Hilfe ist es ihm gelungen, jede ernsthafte Übertretung von Gottes Geboten zu vermeiden (V. 11)[b]. Aber nicht genug damit, er gehört zu denen, welchen es gegeben ist, Gottes Gesetz mit Vollkommenheit zu

---

[a] Siehe S. 8 f.
[b] „Ungerechte" ist hier als „Betrüger" zu verstehen.

erfüllen (V. 12)ᶜ. Während dieses Gesetz jedem Juden jährlich einen Fasttag als Bußtag auferlegt, leistet er stellvertretend Sühne für die Sünden seines Volkes, indem er zweimal in der Woche fastet . Dabei muß er von Sonnenaufgang bis Sonnenuntergang nicht nur auf Essen, sondern auch auf jedes Trinken verzichten, was in der Hitze des Orients eine große Entsagung ist . Auch bei der Zehntpflicht, die das Gesetz ihm auferlegt, tut dieser Fromme lieber zuviel als zu wenig. „Er verzehntet alles Zehntpflichtige, was er kauft, damit er ganz sicher ist, daß er nichts Unverzehntetes genießt, obwohl Korn, Most und Öl schon vom Produzenten verzehntet sein sollten." Er bringt große wirtschaftliche Opfer, damit Gott unverkürzt das Seine erhält.

Es ist nicht so, daß der Pharisäer, den Jesus zeichnet, dieses fromme Leben Gott vorhält, um daraus einen Anspruch abzuleiten. Wir dürfen es auch nicht als hochmütige Verachtung ansehen, wenn er sagt: „Ich danke Dir, Gott, daß ich nicht bin wie . . ."ᵈ Die Zuhörer Jesu werden das Gebet des Pharisäers nicht als heuchlerische Anmaßung empfunden haben, sondern als ein echtes Dankgebet für Gottes gnädige Führung . Das zeigt uns das sehr ähnliche Gebet eines frommen Schriftgelehrten, welches uns im Talmud überliefert ist. Dort heißt es: „Ich danke Dir, Herr, mein Gott, daß Du mir mein Teil gabst bei denen, die im Lehrhause sitzen und nicht bei denen, die an den Straßenecken sitzen . . . Ich mache mich früh auf zu den Worten des Gesetzes, und sie machen sich früh auf zu eitlen Dingen … Ich mühe mich und empfange Lohn, und sie mühen sich und empfangen keinen Lohn . . . Ich laufe zum Leben der zukünftigen Welt, und sie laufen zur Grube des Verderbens."ᵉ

Der Pharisäer hat also nicht nur Übertretungen des Gesetzes vermieden und überpflichtige Leistungen vollbracht, sondern er gibt überdies auch Gott die Ehre — wie es scheint — und betrachtet das alles als sein Ge-

---

ᶜ „Er sucht nicht nach Auswegen, sich dem Gebot zu entziehen. Sein Ruhm ist, daß er es ganz erfüllt" (Schlatter, Lk., S. 399).

ᵈ Daß der Pharisäer an dieser Stelle auch den Zöllner einreiht, war nach damaligem Urteil sachlich zutreffend (siehe u.), ist aber vor allem als erzählerische Klammer zu werten, die die beiden parallelen Abschnitte V. 10 ff. und V. 13 aufeinander bezieht.

ᵉ b. Ber. 28 b, Jeremias, S. 141 f. Vgl. dazu das Wort eines anderen jüdischen Rabbi: „R. Jehuda (um 150) sagte: Drei Lobsprüche muß man an jedem Tag sprechen: Gepriesen (sei Jahwe), daß er mich nicht als einen Heiden erschaffen hat; denn ‚alle Heiden sind wie nichts vor ihm' (Jes. 40,17); gepriesen sei er, daß er mich nicht als Weib erschaffen hat, denn das Weib ist nicht zu Gesetzeserfüllungen verpflichtet; gepriesen sei er, daß er mich nicht als Ungebildeten … erschaffen hat; denn der Ungebildete ist nicht sündenscheu" (T Berakh 7,18 [16]).

schenk [f]! Das Urteil der Hörer über diese Gestalt, die ihnen Jesus vor die Augen stellte, mußte lauten: „Das ist ein Mann nach dem Herzen Gottes!"

Jesu Zuhörer und der Zöllner

Auch die Gestalt des Zöllners, wie Jesus sie zeichnet, hält sich zunächst im Rahmen der Anschauungen und Urteile seiner Zeitgenossen: Für sie war der Zöllner von vornherein ein Sünder. Er arbeitete nicht nur mit der römischen Besatzungsmacht zusammen, die das Gottesvolk unterdrückte und immer wieder in der Erfüllung seiner religiösen Pflichten behinderte, sondern er gehörte einem Berufsstand an, der als ganzer den Betrügern gleichgeachtet war. Die Zöllner, welche die Zölle eines Bezirkes („wahrscheinlich meistbietend") gepachtet hatten, pflegten in ihre eigene Tasche zu wirtschaften. Es gab „zwar staatliche Tarife, aber die Zöllner fanden genug Kniffe, um das Publikum zu übervorteilen. Im öffentlichen Urteil standen sie mit den Räubern auf einer Stufe; sie besaßen keine bürgerlichen Ehrenrechte und wurden von allen anständigen Menschen gemieden" . Indem sie sich an dem Eigentum ihres Nächsten vergriffen, sündigten sie zugleich gegen Gottes Gebot. Gottes Vergebung zu erlangen, war in den Augen von Jesu Zeitgenossen für einen Zöllner nahezu unmöglich. Dazu genügte nicht der Schmerz über die Sünde, es war eine sichtbare und wirksame Buße nötig: er mußte seinen Beruf aufgeben, um dadurch dem sündigen Leben ein Ende zu bereiten, und alles, was er unterschlagen hatte, 120prozentig zurückerstatten. Aber „wie kann er wissen, wen er alles betrogen hat" ?

Wenn also Jesus den Zöllner zeichnet als einen, der „von ferne stand", sich in die hinterste Ecke drückte und aus Scham über seine Sünde nicht einmal die Augen aufzuheben wagte [g], dann hat er ihn in den Augen seiner Zuhörer an den Platz gestellt, wo er hingehört. Gab es einen Zweifel, wie das Urteil ausfallen mußte, wenn der Pharisäer und der Zöllner so zum Vergleich nebeneinander gestellt wurden?

Jesus läßt auch den Zöllner ein Gebet sprechen, das einzige, das er mit Recht sprechen kann: Überwältigt von der Erkenntnis seiner Sünde schlägt er sich auf die Brust, auf das Herz, das als Sitz der Sünde gilt und bittet: „Gott sei mir Sünder gnädig!"

---

[f] Die Formulierung, die Jesus dem Gebet gibt, sprengt dieses Verständnis nicht, weist aber darüber hinaus und läßt *nachträglich* die Gestalt des Pharisäers in einem anderen Licht erscheinen.

[g] „Er wollte nicht" bedeutet hier sinngemäß „er wagte nicht". „Das Semitische hat kein Wort für wagen" (Jeremias, S. 140).

Die Wirkung der Gegenüberstellung von Pharisäer und Zöllner auf die Zuhörer

Wenn die Zuhörer dieses Gebet hören, muß ihnen deutlich werden, daß der Platz des Zöllners gar nicht die Rangstufe tief unter dem Pharisäer ist, sondern der Platz, an dem der Mensch steht, der Gottes Vergebung bedarf. Es ist der Platz, an dem sie alle schon gestanden haben und an dem sie wieder und wieder stehen werden. Es muß ihnen gegenwärtig werden, worauf sie sich selber in ihres Herzens Not verlassen haben, wenn sie so oder ähnlich beteten wie dieser Zöllner: daß Gott bedingungslos Sünde vergibt.

Unauszählbar sind die Worte der Heiligen Schrift, in denen Vergebung verheißen wird. Doch mit Erschrecken werden die Zuhörer Jesu dessen inne: Wenn diesem elenden Sünder Gottes Barmherzigkeit nicht zuteil wird, dann fallen alle Verheißungen Gottes hin, auf die sie sich selber verlassen! Und wenn sie ihm zuteil wird — steht dann der Zöllner noch neben dem Pharisäer als der Gottlose neben dem Gerechten? Ist der, dem vergeben wurde, nicht gerecht? Ist er nicht von Gott gerechtfertigt? Wie steht es dann aber mit der Gerechtigkeit des Pharisäers?

Wer ist gerecht? Wer kann bestehen? Eben noch war für sie die Antwort auf diese Frage selbstverständlich gewesen: natürlich der Pharisäer! Durch Jesu Erzählung wird diese Selbstverständlichkeit zerstört.

So sind etwa beide gerecht? Nein, das wäre keine Antwort auf die Frage, die hier gestellt ist. Die Gerechtigkeit des Zöllners und die Gerechtigkeit des Pharisäers lassen sich nicht auf einen gemeinsamen Nenner bringen: Die Gerechtigkeit, die der Pharisäer aufzuweisen hat, ist ohne eine Rangordnung, ohne einen Maßstab nicht denkbar, durch den er — im Unterschied zu anderen — als der Gerechte erkennbar wird. Die Gerechtigkeit, die dem Zöllner durch Gottes Vergebung zuteil wird, läßt sich in eine — wie auch immer geartete — Rangordnung nicht einstufen. Es ist auch nicht möglich, sie als Ausnahme zu verstehen, die den Zwang der Regel durchbricht. Wen je die Last der Schuld beugte, der weiß ja, daß darin nicht *etwas*, sondern *alles*, daß er selber in Frage stand. Wem gegenwärtig ist, was es heißt, der Vergebung zu bedürfen, daß darin die ganze Existenz einem radikalen Vorbehalt ausgesetzt ist, wie könnte der auf die Idee kommen, Vergebung als Ausnahme einzuordnen!

Es bleibt dabei, in der Rangordnung des Pharisäers ist kein Platz für den „gerechten Zöllner", an dem Orte aber, wo der Zöllner steht, vor Gott, der ihm, dem Sünder, vergibt, verliert die Rangordnung des Pharisäers ihre Bedeutung.

Ein unerbittliches Entweder-Oder bricht hier auf, das keiner der Zuhörer Jesu wahrgenommen hätte ohne diese Geschichte, die ihm Jesus vor die Augen malt. Denn nur allzugut versteht es der Mensch, auseinanderzuhalten, was Jesus hier miteinander vor die Augen bringt. Wenn der Mensch mit sich selbst einig ist und vor dem, was er sich als Maßstab gesetzt hat, bestehen kann, macht er diesen Maßstab zur letzten Instanz . Wenn aber das Gewissen den Menschen schuldig spricht, wenn ihm die welthaften Umstände die Daseinsberechtigung aberkennen, hält er sich an etwas, das über jene hinausgeht, fragt er nach einer letzten Instanz, die das Urteil aufheben kann, ohne es zu leugnen, und kann gar nicht anders, als so zu fragen. Diesen ständigen Instanzenwechsel, den er je nach seinen Bedürfnissen vornimmt, weiß sich der Mensch zu verbergen. Aber nun geschieht es durch Jesu Parabel, daß seinen Hörern diese Naivität verlorengeht. Der Instanzenwechsel kommt ihnen in den Blick und das heißt, er wird als Lüge offenbar. Lüge kann man nicht bejahen *wollen*. Eine grundsätzliche Entscheidung ist deshalb unausweichlich. Jeder der Zuhörer Jesu muß sie für sich vollziehen, indem er sich entscheidet, was er als *die letzte Instanz* gelten lassen will.

Jesu Entscheidung

Jesu Urteil lautet: „Ich sage euch, dieser ging als Gerechter hinab[h] in sein Haus, nicht jener."[i]

„Als Gerechter", so müssen wir die Stelle wiedergeben, damit für uns wenigstens annähernd deutlich wird, was Jesus seinen Zuhörern gesagt hat. Die übliche Übersetzung „gerechtfertigt" ist sprachlich korrekt, aber sie berücksichtigt nicht den Bedeutungswandel, den das Wort erfahren hat. Das Wort „gerechtfertigt", wie unsere Sprache es uns überliefert, ist völlig durch die paulinische Rechtfertigungslehre bestimmt, so daß wir gar nicht umhin können, es mit „Vergebung", „gnädiger Annahme" u. dgl. zusammenzudenken. Dadurch muß es uns den Sinn verbergen, den es für Jesu Zuhörer hatte: Rechtfertigung bedeutete für sie das richterliche Urteil, mit dem Gott dem Gerechten seine Rechtschaffenheit bescheinigt .

---

[h] Hinab: Der Tempel in Jerusalem lag auf einem Berge; vgl. auch V. 10: hinauf.

[i] Erst in der revidierten Ausgabe der Lutherbibel von 1956 lautet die Stelle: „nicht jener". Frühere Ausgaben übersetzen: „vor jenem", wobei der Sinn unklar bleibt; die Züricherbibel hat: „mehr ... gerechtfertigt ... als jener". Sprachlich ist es möglich, die Worte des Textes sowohl als vergleichende wie auch als ausschließende Aussage zu verstehen. Das erstere dürfte jedoch sachlich keinen Sinn ergeben, denn wie könnte man sagen, daß der eine „in höherem Maße gerecht gesprochen" ist als der andere? (siehe Jeremias, S. 141).

Jesu Urteil ist für sie völlig unerhört: Der Gottlose soll als der Gerechte gelten und der Gerechte als der Gottlose?

Aber Jesu Urteil läßt sich nicht abtun als die unglaubliche Behauptung eines einzelnen. Es hat die Autorität der Wahrheit hinter sich, einer Wahrheit, um die jeder seiner Hörer weiß. Jesus hat seine Zuhörer in der Wahrheit gefangen: Wenn der Maßstab, nach dem er sich beurteilen muß, dem Menschen das Daseinsrecht abspricht, dann weiß er wohl, daß dieser Maßstab nicht die letzte Instanz ist. Er weiß es mit der ganzen verzweifelten Kraft seiner Hoffnung, die ihn nach Rettung fragen läßt. Sollte er das nicht auch da wissen, wo es um den Nächsten geht? Sollte er nicht auch *für den anderen auf Gottes Gnade rechnen?*

Hinter Jesu Urteil steht Jesu eigene Entscheidung. Er läßt das Gesetz nicht als letzte Instanz gelten, um dann — je nach Bedarf — für sich auf Gottes Gnade zu rechnen. Er rechnet *für seinen Nächsten* auf Gottes Gnade. Er rechnet darauf; d.h. er setzt *alles* auf diese Karte. Er richtet sein Verhalten danach ein und hält Tischgemeinschaft mit Zöllnern und Sündern[j]. Für den Nächsten auf Gottes Gnade zu rechnen, das bedeutet etwas anderes, als ihn sich selbst und Gott zu überlassen, „der ihm schon vergeben wird".

Jesus möchte für seine Entscheidung das Einverständnis seiner Hörer gewinnen; deshalb erzählt er ihnen das Gleichnis. Leichthin abtun können sie seine Worte nicht, denn er hat sie bei der Wahrheit gepackt; Jesus recht geben können sie aber nur, wenn sie eine radikale Umkehr vollziehen und auch für ihr eigenes Leben Gottes Gnade als letzte Instanz gelten lassen. Das bedeutet nicht weniger als den Verzicht darauf, das Gesetz zum Maßstab der Selbstbeurteilung zu nehmen auch und gerade dann, wenn man vor dem Gesetz bestehen kann. Das bedeutet, sein Leben nicht länger in der „Gerechtigkeit aus dem Gesetz" zu suchen.

Beharren Jesu Hörer auf ihrer Gesetzesgerechtigkeit, dann werden sie den Zeugen der Wahrheit, der sie sich widersetzt haben, nicht ertragen können. Sie müssen danach trachten, ihn aus der Welt zu schaffen. Geben sie Jesu Entscheidung recht, dann sind sie auch bereit, ihres Bruders Hüter zu sein, für ihn einzustehen und bei ihm auszuhalten. In Jesu Namen werden sie für ihn auf Gottes Gnade rechnen.

Der Rahmen der Erzählung

Die Erzählung von Pharisäer und Zöllner hat in V.14b eine Anwendung[k] erhalten. Dieser Vers war ursprünglich ein selbständiges Jesus-

---

[j] Vgl. Fuchs, Aufsätze II, S.371: „Weil er glaubte, daß Gott Jesu Wort einlösen werde, deshalb warf sich Jesus ganz in die Gegenwart — und wurde gekreuzigt. Das war seine Selbstpreisgabe."
[k] Siehe o. S.20f.

wort, denn er wird uns auch Lk. 14,11 und Mt. 23,12 — jeweils in einem anderen Zusammenhang — überliefert . Er wurde wohl erst vom Evangelisten an dieser Stelle angefügt. Lukas liefert dadurch seinen Kommentar zu der Erzählung Jesu: So hat er sie verstanden: Als Warnung vor Hochmut und Mahnung zur Demut, und so gibt er sie an die Gemeinde weiter.

In die gleiche Richtung scheint der Rahmenvers 18,9 das Verständnis der Parabel zu weisen. Lukas fand ihn wohl schon vor , er muß demnach von einem der Überlieferer für die Erzählung geschaffen sein. „Die sich selbst vermaßen, daß sie fromm wären", das sind Leute, die der festen Überzeugung sind, daß das Urteil Gottes über sie positiv ausfallen muß. Im Urtext steht nicht „fromm", sondern „gerecht", und gerecht sein bedeutet nach damaligem Sprachgebrauch: vor dem Urteil Gottes bestehen können. Der Steckbrief des Adressaten paßt auf die Pharisäer, und diese Adressenangabe dürfte richtig sein, was die unmittelbaren Hörer der Parabel Jesu anbelangt. Die Umschreibung könnte deshalb gewählt sein, weil diese Haltung ja nicht nur der Vergangenheit angehört. Auch die Gemeinde Christi kann ihr verfallen! Sie zu ermahnen und zu warnen wird die Erzählung überliefert.

Aber Jesu Parabel war mehr als eine Mahnung oder Warnung. Diese Auslegung wird ihrem ursprünglichen Sinn nicht gerecht. Das bedeutet keinen Vorwurf, denn jener Sinn, der sich für Jesu Hörer aus der Situation ergab, war schwer zu ermitteln, sobald diese Situation vergangen war. Wir müssen auch bedenken, daß dem Heidenchristen Lukas verschlossen war, was die jüdischen Zuhörer unmittelbar aus Jesu Worten entnehmen mußten, und eine historische Reflexion, wie wir sie üben können und müssen, lag ihm fern.

3. DIE GLEICHNISSE VOM VERLORENEN
(Mt. 18,12—14 / Lk. 15,1—10)

Das Gleichnis vom verlorenen Schaf nach Matthäus

Während wir das „Gleichnis vom verlorenen Groschen" nur bei Lukas finden, ist uns das „Gleichnis vom verlorenen Schaf" zweimal überliefert. Die ursprünglichere Fassung finden wir bei Matthäus im 18. Kapitel, V. 12 und 13 [a] .

---
[a] Vgl. u. S. 64f.

Das Gleichnis redet von Verlieren und Finden, von Dingen, die alltäglich vorkommen und bei denen sich jeder Mensch unwillkürlich ähnlich verhält. Es fordert die Zustimmung der Zuhörer heraus: selbstverständlich, so ist es. Wie sehr sich der Erzähler des Urteils seiner Hörer sicher ist, zeigt sich daran, daß er diese mit den Worten „was dünket euch?" ausdrücklich danach fragt. Die Formulierung von V. 12 b erwartet sowohl in der deutschen Fassung als auch nach dem Urtext eindeutig eine bejahende Antwort.

Nun scheint es allerdings nicht jedermanns Sache zu sein, seine 99 Schafe in der Wüste — d. h. in der von Menschen unbewohnten Einöde im Gebirge[b] — zurückzulassen, um das eine verlorene zu suchen. Einige Ausleger haben daraus schließen wollen, daß die Schafe natürlich im Schutze eines Pferchs oder in der Obhut eines Hirten geblieben seien, dieweil der Eigentümer auf die Suche ging. Aber das Gleichnis sagt davon nichts, und es wäre um seine Wirkung gebracht, wenn man diesen Zug einträgt: die Gegenüberstellung 1 : 99 würde dadurch bedeutungslos. Eine andere Auslegung will das Zurücklassen der 99 so verstehen, daß hier nicht mehr von einem menschlichen, sondern von einem göttlichen Verhalten die Rede sei. Aber der Text redet nicht vom göttlichen Hirten, sondern von jedermann. „Ein Mensch" = irgendein Mensch, heißt es bei Matthäus; bei Lukas wird sogar gefragt: „Welcher Mensch unter euch …". Die Formulierung zeigt deutlich, daß das Gleichnis nicht einen Grenzfall schildern will, sondern ein typisches Verhalten.

Das Befremdliche an dem Gleichnis löst sich leicht auf, wenn man es als Hyperbel versteht, als eine überspitzte Darstellung, bei der herauskommt, worum es bei der Sache geht. Das Zurücklassen der 99, um das eine Verlorene zu suchen, diese Umwertung: 1 = mehr als 99, macht die Betroffenheit deutlich, in die der Mensch durch Verlieren gerät.

Aber bei der Betroffenheit durch Verlieren bleibt das Gleichnis nicht stehen, sondern geht weiter zu der freudigen Betroffenheit durch das Wiederfinden, die es gleichfalls auf die Formel 1 = mehr als 99 bringt. Das 1 = mehr als 99 ist natürlich an die Situation gebunden. Es „stimmt" nur im Augenblick des Wiederfindens bzw. des Verlierens. Das Verlorene ist Gegenstand der Sorge, solange es verloren ist; das Gefundene ist Gegenstand der Freude in dem Augenblick, wo es gefunden wird. Ein Verhalten zu dem Gegenstand, das über diese Situation hinausgeht, ist in diesem allgemein menschlichen Phänomen, das das Gleichnis beschwört, nicht verankert.

---
[b] „Auf den Bergen" (Mt.) und „in der Wüste" bzw. Einöde (Lk.) bedeutet dasselbe. In Judäa lag die Weidefläche im Gebirge.

„Wiederfinden schafft überschwengliche Freude" — das ist der Vergleichspunkt des Gleichnisses. Die Betroffenheit durch das Verlieren, die sich im Suchen ausspricht, wird allein dazu ins Bewußtsein gerufen, um die Betroffenheit durch das Wiederfinden zu vergegenwärtigen. Das Gefälle der Erzählung läuft eindeutig auf den Schluß des Gleichnisses zu [c].

Das Gleichnis vom verlorenen Groschen

Ehe wir uns mit der Lukasfassung des Gleichnisses vom verlorenen Schaf befassen, sehen wir uns am besten das Gleichnis vom verlorenen Groschen an. Bei aller Ähnlichkeit unterscheidet es sich in einigen Einzelheiten von dem Gleichnis vom verlorenen Schaf, auf die wir achten müssen: Die Betroffenheit durch das Verlieren wird dadurch zum Ausdruck gebracht, daß die Frau „das ganze Haus auf den Kopf stellt". Sie ‚zündet ein Licht an', „weil die armselige fensterlose Behausung nur wenig Licht durch die niedrige Tür einläßt, und sie ‚fegt das Haus...', weil der Fußboden aus Felsen besteht und man beim Fegen die Münze im Dunkeln klirren hört" . Die Freude des Wiederfindens wird in diesem Gleichnis durch das Zusammenrufen der Nachbarn vergegenwärtigt. Darin steckt der allgemein-menschliche Zug, daß Freude die Mitfreude herausfordert — sie zu versagen wäre unmenschlich.

Dem Gleichnis folgt in V. 10 eine Anwendung [d]. Die merkwürdige Formulierung: ‚vor den Engeln Gottes' erklärt sich folgendermaßen: In frommer Scheu wagte man es nicht, von Gott Gemütsbewegungen auszusagen. Man sagte deshalb nicht, daß Gott sich freut, sondern daß Freude sei *vor* Gott. Man scheute sich aber auch, den heiligen Gottesnamen auszusprechen und umschrieb ihn deshalb mit den Worten ‚der Himmel' oder ‚die Engel'. Daß der Name Gottes trotzdem in V. 10 genannt ist, werden wir wohl einem heidenchristlichen Überlieferer zuschreiben müssen .

Das Gleichnis vom verlorenen Schaf nach Lukas

Nun können wir uns dem Gleichnis vom verlorenen Schaf zuwenden, wie es bei Lukas vorliegt.

Vergleichen wir es mit dem Paralleltext bei Matthäus, dann fallen zunächst einige kleinere Unterschiede auf. Daß die Frage ‚was dünket euch?'

---

[c] Man mache die Probe aufs Exempel und erzähle sich das Gleichnis ohne V. 12: „Wenn ein Mensch, der 100 Schafe hat, ein Schaf wiederfindet, das er verloren hatte..." Die Geschichte wird blaß und farblos und die Gleichung 1 = mehr als 99 wirkt unglaubwürdig. Die Gegenprobe: Käme es auf die suchende Liebe an, hätte das Gleichnis auf V. 13 verzichten können und müssen.

[d] Siehe o. S. 20 f.

bei Lukas fehlt, hat nichts zu bedeuten. Sachlich ist sie aufgenommen durch das ‚unter euch' in V. 4. Wichtiger ist eine andere Abweichung: Bei Matthäus heißt es V. 13 ‚und so sich's begibt, daß er's findet' (das Finden bleibt ungewiß), bei Lukas steht dagegen ‚hingehe, bis daß er's finde ... und wenn er's gefunden hat ...' (es wird sicher mit dem Finden gerechnet). Die Mt.-Fassung orientiert sich an der Wirklichkeit und ist sicher die ursprüngliche. Lukas scheint dagegen bei der Formulierung des Gleichnisses die Sachhälfte im Auge zu haben und an den ‚guten Hirten' zu denken, an den, der den Sünder sucht, und läßt daher das Finden als gewiß erscheinen.

Daß der Hirt Lk. 15,5 das Schaf auf die Achseln legt, ist ein ausschmückender Zuwachs gegenüber der Mt.-Fassung und damit wiederum ein Zeichen, daß diese ursprünglicher ist. Der Zug ist alltäglich und nicht als ein Beweis besonderer Liebe und Fürsorge zu werten. „Ein von der Herde abgekommenes Schaf, das umhergeirrt ist, pflegt sich mutlos niederzulegen und ist nicht mehr zu bewegen, aufzustehen und zu laufen. Es bleibt dem Hirten nichts anderes übrig, als es zu tragen, was auf größeren Strecken nur so möglich ist, daß er das Tier auf seine Schultern, d. h. um den Hals, legt."

Die wichtigste Abweichung der beiden Textauffassungen sind der verschiedene Schluß des Gleichnisses und die unterschiedliche Anwendung.

In der Lk.-Fassung ist die überschwengliche Freude des Wiederfindens nicht auf die Formel 1 = mehr als 99 gebracht, sondern durch den Aufruf zur Mitfreude ausgedrückt, wie im Gleichnis vom verlorenen Groschen. So natürlich das Zusammenrufen der Freunde und Nachbarn bei der Frau im Gleichnis ist, die ihre Nachbarn in der Nähe hat, so wenig paßt es in die Situation des Hirten: Soll man annehmen, daß er das Schaf von der Einöde des Gebirges in die Wohngegend hinunterschleppt, anstatt es es so bald wie möglich zu der sich selbst überlassenen Herde zurückzubringen? Dieser Zug kann im Gleichnis vom verlorenen Schaf nicht ursprünglich sein; er ist aus dem Gleichnis vom verlorenen Groschen eingetragen . Wie es dazu kam, ist nicht schwer zu verstehen: Als die Christengemeinde die Worte Jesu überlieferte, wurde das Gleichnis vom verlorenen Schaf, das zunächst allein umlief , bald mit dem verwandten Gleichnis vom verlorenen Groschen zusammen erzählt. Bei der mündlichen Weitergabe konnte es dann leicht geschehen, daß die beiden sehr ähnlichen Gleichnisse einander noch mehr angeglichen wurden.

Auch die Anwendung Lk. 15,7 ist vermutlich erst im Anschluß an V. 10 gebildet worden. Der ursprüngliche Schluß des Gleichnisses, der in Mt. 18,13 bewahrt blieb, klingt in ihr noch nach . In die absolute Aussage:

‚so ist im Himmel Freude über einen Sünder, der Buße tut', mischt sich der Vergleich: ‚mehr als über 99 Gerechte'. Das 1 = mehr als 99 ist in der Weise allegorischer Auslegung übersetzt. Die Übertragung ist nicht ganz geglückt. Sie hält den Bezug auf den Augenblick des Findens nicht fest, der nötig ist, wenn die Formel 1 = mehr als 99 stimmen soll. Von einem absoluten „Mehrwert" des Büßers vor dem Gerechten kann natürlich keine Rede sein. Der christliche Ausleger, der diese Worte geprägt hat, dachte bei der Nennung der Gerechten nicht an die Frage, die später der Apostel Paulus überlegt hat, ob denn der Mensch vor Gott gerecht sein könne. Er gebrauchte das Wort in dem einfältigen Sinne, wie es in seiner jüdischen Umwelt gebräuchlich war: als die Bezeichnung des Menschen, der keine groben Sünden begangen hat und nicht auf einem bösen Lebensweg ist, von dem er umkehren muß. Er redet von Freude im Himmel: Er meint Freude bei Gott, aber er scheut sich, den Namen des Allerhöchsten auszusprechen.

Ist die Anwendung des Gleichnisses vom verlorenen Schaf in Lk. 15,7 eine Auslegung, die diesem Gleichnis in der Überlieferung beigegeben wurde, so bedeutet das noch nicht, daß die abweichende Anwendung Mt. 18,14 ursprünglich zu dem Gleichnis gehört. Sie erweist sich schon dadurch als nachträgliche Deutung, daß sie sich nicht genau an den Vergleichspunkt hält: der Vergleichspunkt ist die Freude des Wiederfindens, und nicht die Bereitschaft, das Verirrte nicht verlorengehen zu lassen . Die Formulierung von V. 14 (eines von diesen Kleinen) weist außerdem zurück auf V. 10. Daran zeigt sich, daß Matthäus diesen Vers gebildet hat. Er legt das Gleichnis aus als Anweisung Jesu für die christliche Gemeinde, keines ihrer Glieder zu verachten (18,10 f.) und sich des in Sünde verirrten Gemeindegliedes anzunehmen (18,15—18) .

Der geschichtliche Ort der Gleichnisse

Der Zusammenhang, in dem wir das Gleichnis vom verlorenen Schaf bei Matthäus vorfinden, gibt uns keinen Anhalt dafür, was es im Munde Jesu bedeutete. Die Gemeindeordnung 18,1—35 ist vom Evangelisten zusammengestellt. 18,1 ist kein historischer Bericht, sondern eine theologische Aussage: Von ihrem Herrn erwartet die Gemeinde Weisung. Der Vers ist keine Überlieferung und gibt uns nicht an, in welcher Situation Jesus das Gleichnis gesprochen hat.

Auch die Situationsangabe des Lukas (15,1 f.) gehört zum redaktionellen Rahmen[e], auch sie ist nicht historischer Bericht, sondern theologische

---

[e] Vgl. o. S. 45 ff.

Aussage. *Alle* (so heißt es im Urtext, nicht ‚allerlei', wie in der Lutherbibel) Zöllner und Sünder wollen Jesus hören, aber *die* Pharisäer und Schriftgelehrten murren.

Wie hat Lukas die Worte: ‚Dieser nimmt Sünder an' verstanden? *Uns* kommt natürlich gleich das Kirchenlied in den Sinn: „Jesus nimmt die Sünder an", und läßt uns an gnädige Annahme denken und an Erneuerung der Gemeinschaft mit Gott. Aber dieser Sprachgebrauch ist erst eine Folge der Perikope. Lukas fand ihn noch nicht vor . Zu seiner Zeit konnte das Wort die gastliche Aufnahme bedeuten oder aber auch, seine Freude, sein Wohlgefallen an jemandem haben. Besonders im letzteren Sinne war es ihm von der griechischen Bibel her vertraut . Natürlich sah der *Evangelist* in Jesu Umgang mit den Zöllnern und Sündern mehr als Gastfreundschaft oder eine merkwürdige Vorliebe. Aber er legt dieses Wort ja Jesu *Gegnern* in den Mund; wenn er ihre Gedanken richtig wiedergibt, dann ist von Annahme der Sünder durch den Sünderheiland nicht die Rede. Ihr Protest kommt am besten in der Übersetzung zum Ausdruck: „Dieser hat seine Freude an Zöllnern und Sündern und feiert mit ihnen."ᶠ Er ‚feiert', das trifft den Sinn besser als die wörtlich korrekte Übersetzung: ‚er ißt', denn ein Mahl, das außer der häuslichen Tischgemeinschaft noch andere vereinigt, ist ein Gastmahl, ein Festmahl also.

Wenngleich die Verse Lk. 15,1 f. redaktionelle Rahmenverse sind und nicht zur Überlieferung gehören, besteht in diesem Falle kein Grund, daran zu zweifeln, daß der Evangelist mit dieser Einleitung die geschichtliche Situation, in der die drei Gleichnisse gesprochen wurden, richtig getroffen hat: Die Gleichnisse vom Verlorenen sind die Antwort Jesu auf die Angriffe der Pharisäer und Schriftgelehrten, die ihm die Tischgemeinschaft mit Zöllnern und Sündern zum Vorwurf machten . Die Sitte schrieb vor, daß sich ein Mensch einem Gottlosen nicht einmal nähern dürfe, um ihn die Gesetze Gottes zu lehren; um wieviel mehr war die enge Gemeinschaft einer Mahlzeit ausgeschlossen. Wer sich gegen Gottes Gesetze verging, war ausgestoßen, und die Härte dieser Grenzziehung spiegelt nur die Strenge wider, mit der man sich selber diesem Gesetz unterwarfᵍ. Jesu

---

ᶠ Vgl. Lk. 7,34.

ᵍ Man wird an dieser Stelle darauf achten müssen, daß es eine Folge des christlichen Glaubens — besonders in seiner reformatorischen Fassung — ist, der um die verborgene Sünde des Menschen weiß, daß solch eine Grenzziehung zwischen Gottlosen und Gerechten im Bereich des Sichtbaren heute nicht mehr ohne weiteres möglich ist. Wir verstehen Sünde nicht als Übertretung des Gesetzes, darum wird sie für uns auch nicht am Gesetz sichtbar und meßbar. Für uns besteht auch nicht mehr die selbstverständliche Einheit und Verquickung von Gottesgesetz und den Rechtsnormen der Gesellschaft. Zur Zeit Jesu hatte die sichtbare Gottlosigkeit auch die Ausstoßung aus der Gottesgemeinde

Gegner protestieren, weil er den Bannkreis dieser Ächtung durchbricht. In ihren Augen ist Jesus nicht der Sünderheiland, dessen Umgang mit Sündern ebenso selbstverständlich ist, wie der Arzt an das Krankenbett gehört.

Natürlich wußten auch sie, daß der Mensch fallen kann, und es war der allgemeine Glaube, daß Gott den Bußfertigen annimmt, einerlei ob er auf ein Leben voller schlechter Taten zurückblicken muß, oder nur auf eine einzige Verfehlung. Wer den Ernst seiner Bußfertigkeit unter Beweis gestellt hatte, dem wurde von niemandem die Gemeinschaft versagt . Daraus ergibt sich für die Situation: In den Augen der Pharisäer und Schriftgelehrten waren die Tischgesellen Jesu keine Büßer, sie würden sonst ihren Protest nicht erhoben haben. Das Kommen der Sünder zu Jesus konnten sie nicht als Buße verstehen, solange er für sie nicht mehr war als ein Zimmermann aus Nazareth[h] .

Die Bedeutung der Gleichnisse

Auf die Vorwürfe seiner Gegner, daß er Gemeinschaft mit Verlorenen hält, antwortet Jesus mit Gleichnissen, deren Spitze die Freude des Wiederfindens ist. Das muß seine Zuhörer darauf bringen, daß *er* seine Tischgesellen für „Herren der Umkehr", wie man damals sagte, nicht für Verlorene, sondern für Wiedergefundene hält. Wenn er die Freude des Wiederfindens im Gleichnis vergegenwärtigt, dann will er wahrhaben, daß jetzt die Zeit des Wiederfindens ist und die Freude auf ihre menschliche Mitfreude wartet .

Können die Pharisäer dieses Urteil Jesu gelten lassen? Nur tastend und ahnend vermögen wir nachzudenken, welches Ärgernis es ihnen bedeutet.

---

zur Folge, was ein Ausgestoßensein aus der Gesellschaft einschloß in einer Weise, wie wir es uns heute kaum noch vorzustellen vermögen. Heute würde von einem Kirchenausschluß kaum jemand Notiz nehmen, und bei aller Distanzierung ist es uns doch selbstverständlich, daß auch die Dirne „noch ein Mensch ist". „Jeder muß eben sehen, wie er fertig wird": in diesem Sinne des Unbetroffenseins durch den anderen gehört Toleranz zur Grundstruktur unserer Gesellschaft. Solche Situationsunterschiede hat man sich als Bibelausleger gegenwärtig zu halten.

[h] Vgl. o. S. 36 f. Haben wir die Situation der Gleichnisse richtig bestimmt, dann können die Anwendungen 15,7 und 15,10 nicht von Jesus stammen, was für 15,7 schon aus anderen Gründen wahrscheinlich ist. Jesus würde an seinen Hörern vorbeigeredet haben, wenn er auf ihren Protest, daß er sich mit Verlorenem abgibt, in dieser Direktheit geantwortet hätte: „So freut sich Gott über einen Sünder, der Buße tut." Der Vers muß von einem christlichen Ausleger geschaffen sein, denn erst für die christliche Gemeinde, die das Kommen der Sünder zu Jesus selbstverständlich als Umkehr versteht, ist er schlüssig (siehe dazu [15]). Er gibt die Aussage der Gleichnisse richtig wieder, aber er verdeckt das Sprachgeschehen, das Jesus durch das Gleichnis in Gang setzt (vgl. o. S. 32—35 [16]).

Wenn sie anerkennen sollen, daß Jesu Tischgesellen Büßer sind — Menschen, an denen der fromme Jude schlechterdings nichts von Buße entdecken konnte —, dann müssen sie das, was Buße ist, von Grund auf anders verstehen als bisher. Weil aber der Ernst der Buße ihr innerstes Wesen und Denken ausmacht, müßten sie sich mit ihrem ganzen Denken umwenden, um Jesus recht zu geben.

Wenn etwas für den Pharisäer charakteristisch ist, dann ist es der Ernst der Buße. Nicht die Werke sind es, mit denen er steht und fällt: „Mancher erwirbt sich seine (zukünftige) Welt in einer Stunde", und: „wenn ein Gerechter fällt, verliert er alles, und wenn ein Sünder umkehrt, gewinnt er alles." Aber dieser Ernst, der sich in Taten ausweist und sich im Lassen von der Sünde bewährt, ist doch das Mindeste, was der Mensch haben kann. Und wenn ein Mensch es an diesem Ernst fehlen läßt, den er haben kann und darum auch haben soll, wenn er sich so an der Heiligkeit Gottes vergreift, dann gilt er als Gottloser und Heide und hat die menschliche Gemeinschaft verwirkt.

Wie ernst es dem Pharisäer mit der Buße ist und was er unter Buße versteht, kann uns an folgender Legende deutlich werden:

„Nachum von Gimso, der fromme Lehrer, trieb eines Tages drei Esel, beladen mit Brot und Früchten, nach dem Lehrhaus. Während er in der Mittagshitze mehr schlafend als wachend den Tieren folgte, trat ein kranker, von Geschwüren entstellter, halbverhungerter Bettler an ihn heran und bat ihn um etwas Speise.

Nachum hatte noch nie einen Bittenden abgewiesen, aber die Glut des Tages machte ihn träge, und er antwortete verdrossen: ‚Warte doch, bis ich dir etwas herausgesucht habe.' Mit widerwilligen Füßen folgte er den vorangegangenen Tieren und begann mürrisch in den Körben zu fingern. Während er aber noch so zwecklos hin und her griff, schlug an sein Ohr ein schwaches und doch so furchtbar eindringliches Seufzen, und als er sich umwandte, lag der Bettler tot im Sand hingestreckt.

Wie schnell waren da Nachums Hände, Brot und Früchte aus dem Korb zu nehmen, wie fliegend eilten seine Füße zurück! Er flehte den Toten an, zu essen, er warf sich über seinen von Wunden zerfressenen Leib, um ihn zu beleben, aber es war umsonst. Da schrie Nachum zu Gott und rief: ‚Herr der Welt! Durch meine Trägheit ist dies Menschenleben verloren gegangen! O erleichtere meinen Gram und strafe mich! Die Füße, die so träge waren, dem Bedürftigen zu Hilfe zu eilen, mögen erlahmen, die Hände, die lässig waren zu seinem Dienst, mögen verdorren, die Augen, die scheel sahen auf seine Not, mögen erblinden, und mein Leib möge seine Krankheit tragen. Herr der Welt, so strafe mich in diesem Leben und an meinem Leib, daß du mich nicht strafest in jenem Leben und an meiner Seele!'

Von diesem Tage an war Nachum leidend. Seine Füße erlahmten, seine Hände verdorrten, seine Augen erblindeten, und sein Leib war mit Geschwüren bedeckt.

Einst besuchte ihn Rabbi Akiba, sein Schüler, und als er ihn so zerstört in den Tüchern seines Lagers sah, schrie er laut vor Schmerz und rief: ‚Wehe mir, daß ich dich so sehen muß, du Frommer!'

Aber Nachum lächelte und sprach: ‚Wohl dir, Akiba, daß du mich so sehen darfst, denn dies ist mir ein Gnadenzeichen, daß Gott meine Sünde von mir fordert in diesem Leben und an meinem Leib und lässet mich unversehrt in jenem Leben und an meiner Seele.'"

Welch ein Ernst im Wissen um Gottes Gebot! Welche äußerste Bereitschaft zur Buße! Aber hier ist Buße etwas, das der Mensch ins Werk setzt, eine letzte Möglichkeit, die er in äußerster Anspannung ergreift, um seine ewige Zukunft zu sichern. Eine Möglichkeit aber, die nicht weiter reicht als zu der Hoffnung: „vielleicht, daß sich Gott dann unser erbarmt". Der Mensch tut hier den ersten Schritt, das weitere muß er von Gott erhoffen.

Bei Jesus haben Heil und Buße „ihren Platz vertauscht. Ist für jüdisches Denken die Buße das erste, die Voraussetzung, die dem Sünder die Hoffnung auf Gnade gewährt, so gilt jetzt, daß an der Gnade die Umkehr entsteht." „So wenig ist die Buße ein die Gnade vorbereitendes menschliches Tun, daß sie gleichgesetzt werden kann mit Gefundenwerden." Buße, das ist für Jesus nicht ein Verhalten des Menschen, sondern ein Ereignis von Gott her, der Anbruch seiner Herrschaft. Darum kann Jesus gegen das Vielleicht der Hoffnung die Behauptung der Gewißheit setzen.

Mit den Gleichnissen gibt Jesus seinen Hörern zu verstehen, daß jetzt und hier an diesen anstößigen Tischgesellen diese Tat Gottes geschehen sei und daß die Freude des Wiederfindens ihre Mitfreude erwartet: Mitfreude an Gottes Freude und darum ihr Ja zu Jesu Tischgemeinschaft mit den Verlorenen, mit denen er Gottes Freude feiert[i].

---

[i] Für die Zuhörer Jesu mußte es aus der Situation heraus unmittelbar verständlich sein, daß das Gleichnis von Gott sprach, denn Verlieren und Finden im Blick auf den sündigen Menschen ausgesagt, das kann ja nur Gott betreffen. Natürlich darf man das Gleichnis nicht als Allegorie verstehen, als chiffrierte Aussage, in der mit dem Hirten bzw. der Frau *eigentlich* Gott *gemeint* sei und mit dem verlorenen Schaf bzw. Groschen der Sünder. Das Gleichnis meint den Hirten und das Schaf *eigentlich,* und eine Auslegung, die es deutet nach der Methode: der Hirte *ist* Gott usw., geht an seinem Sinn vorbei. Auch der Versuch, dem Gleichnis eine direkte Aussage zu entnehmen in der Weise: „Gott verhält sich so, wie . ...", hat das Wesen des Gleichnisses verfehlt. Man hat

Um mit Jesus ins Einverständnis zu gelangen, müßten seine Hörer radikal umdenken. Sie müßten Jesu Verkündigung vom Anbruch der Gottesherrschaft Glauben schenken und hinter sich lassen, was bisher ihr Leben bestimmte. Andererseits können sie sich der Wahrheit der Gleichnisse nicht entziehen. Es war ihnen selbstverständlich, daß der Mensch Gottes Eigentum ist. Sie lebten es ja in ihrem Bußernst und ihrer Gesetzesfrömmigkeit . Aber wie pflegt man denn mit seinem Eigentum umzugehen?

Es verschlägt den Atem, wie Jesus, dieser Zimmermann aus Nazareth, Gott in Anspruch nimmt als den, der durch den Menschen betroffen ist in Verlieren und Finden. Wie er ihn in Anspruch nimmt für den gottlosen Menschen: nicht für den Menschen im allgemeinen, der „nun einmal Sünder" ist, sondern für ganz bestimmte Menschen mit solcher Sünde, auf die man mit Fingern zeigen kann, die diese Menschen „unmöglich" macht.

„Kreuziget ihn! Dieser lästert Gott!" Das war die Antwort. Es gab aber auch noch eine andere Antwort: „Wahrlich, dieser ist Gottes Sohn!"

4. DIE PARABEL VOM VERLORENEN SOHN
(Lk. 15, 11—32)

Der geschichtliche Ort der Parabel

Die Parabel ist Jesu Antwort auf den Protest der Pharisäer gegen seine Tischgemeinschaft mit Zöllnern und Sündern [a].

Nicht deshalb murren die Pharisäer, weil sie die Aufnahme der Sünder in die Tischgemeinschaft mit Jesus als Zusage der Vergebung der Sünden verstehen. Sie protestieren nicht, weil Sündern vergeben und ihnen die göttliche Gnade zuteil wird . Ihr Protest hat andere Ursachen.

Jesus hebt mit dem, was er tut, die Welt aus den Angeln. Er und seine Tat lassen sich nicht einordnen. Kann ein Gerechter mit Sündern und Gesindel Tischgemeinschaft halten, wo es doch sogar verboten ist, mit ihnen auch nur zusammenzukommen, um sie das heilige Gesetz Gottes zu lehren?! Aber ist er denn ein Sünder? Kann man sein Benehmen abtun nach dem Sprichwort: „Gleich und gleich gesellt sich gern?" Das ist ebensowenig möglich. Es bleibt die große Störung.

---

bei der Gleichnisauslegung das Zusammenspiel von Gleichnis und Gesprächssituation zu beachten. Es bleibt dabei, daß ein Gleichnis nur *einen* Vergleichspunkt hat; das bedeutet aber nicht, daß das, was zu verstehen gibt, eine einfache Aussage sei, die direkt am Gleichnis abgelesen werden könnte (vgl. o. S. 30 f. [20]).

[a] Vgl. o. S. 67.

Nicht die Sünde und das Laster heben die Ordnung der Welt auf. Gewiß, Sünde und Laster sind das, was nicht sein sollte. Aber indem die Sünde gestraft, das Laster verpönt, der Sünder geächtet und gemieden wird, ist die gestörte Ordnung ins Gleichgewicht gebracht. Die Ächtung wird um so strenger sein, je stärker das Leben des einzelnen mit einer Gemeinschaft verbunden ist. Nur Gesellschaften, in denen das Leben des einzelnen weitgehend privatisiert ist und wenig auf das Ganze zurückwirkt, können sich eine weitgehende Toleranz leisten.

Indem Jesus die Grenzen überschreitet, die die Ächtung gezogen hat, stört er die Ordnung. Er ist der Mann, der „nicht mitmacht" und dadurch dem „Mitmachen" der anderen die Selbstverständlichkeit nimmt. Sie können ihn nicht ignorieren, sie müssen Stellung nehmen. Der Protest wird laut.

Jesus antwortet mit einer Parabel, die das, was geschehen ist, in ein neues Licht stellt, durch die er seine Sicht der Dinge dem Zuhörer eröffnet und ihm mannigfache Hilfen gibt, mit ihm ins Einverständnis zu kommen.

Zahlreich sind die Fäden, die Parabel und Situation miteinander verknüpfen. Dennoch bleibt die Parabel stets reine Erzählung, die sich selber trägt, und wird an keiner Stelle zur Allegorie, in der Bildhälfte und Sachhälfte identisch sind.

Die Parabel im Verständnis ihrer Hörer

Ein Sohn geht in die Fremde

Die ersten Sätze der Parabel lassen Jesu Zuhörer noch nicht erkennen, worauf Jesus mit ihr hinaus will.

Daß der jüngere Sohn eines Großbauern an den Vater herantritt mit der Bitte, ihm den Pflichtteil auszuzahlen, war nichts Ungewöhnliches . Ein Hof war zwar — nach damaligem Recht — Familienbesitz und ging mit allem, was dazugehörte, an den ältesten Sohn über , aber der Jüngere hat einen Erbanspruch auf das verfügbare Vermögen, also auf den Besitz, der nicht unmittelbar zum Hof gehört. Allerdings bekommt er es nicht ganz; laut Gesetz stehen dem Erstgeborenen zwei Teile davon zu, bei zwei Söhnen also zwei Drittel, während der Nachgeborene ein Drittel erhalten soll (vgl. 5. Mos. 21, 17).

Jesu Zuhörern klingen die Worte des jüngeren Sohnes auch wirklich als eine Bitte, nicht als eine freche Forderung in den Ohren[b] . Es wundert sie

---

[b] Luthers Übersetzung hat an dieser Stelle den Ton des Originals nicht ganz getroffen, sie ist wohl von der Deutung der Parabel beeinflußt.

nicht, wenn der Vater ihr entspricht und seinen Söhnen das Vermögen teilt. Während der Jüngere ausgezahlt wird, werden für den Älteren wohl nur seine Ansprüche festgesetzt .

Es ist auch nichts Besonderes, wenn der zweite Sohn nach kurzer Zeit alles, was ihm gehört, zusammenpackt — oder, wie man die Stelle auch verstehen kann, zu Geld macht — und auswandert. „Er will sich im Ausland eine Existenz gründen", denken die Zuhörer Jesu. Gedanken, wie man sie in manchen Auslegungen findet, daß es „Aufsässigkeit gegen den Vater" war oder „der Wunsch, sich der Aufsicht des Elternhauses zu entziehen", der den Sohn in die Fremde trieb , konnten ihnen nicht kommen. Palästina, durch häufige Hungersnöte heimgesucht, konnte das Volk Israel nicht ernähren, und wer es zu etwas bringen wollte, hatte in den großen Handelsstädten der Levante bessere Möglichkeiten dazu. Auswanderung war an der Tagesordnung. Während die jüdische Bevölkerung Palästinas nicht mehr als eine halbe Million betrug, lebten vier Millionen Juden in der Zerstreuung .

Der Sohn wird ein Verlorener

Aber der junge Mann, so erzählt die Geschichte, gerät in der Fremde auf die schiefe Bahn und vergeudet das vom Vater ererbte Vermögen in einem verschwenderischen Leben.

Hier kann es den Zuhörern vielleicht schon deutlich werden, worauf Jesus anspielt, und daß es in der Parabel wirklich um den Punkt geht, der zwischen ihm und ihnen strittig ist: Das liederliche, gottlose Leben des Sohnes — ist es nicht im Grunde das gleiche, was sie an den „Zöllnern und Sündern" entrüstet?

Kaum hat der Sohn alles durchgebracht, da sucht eine Hungersnot sein Gastland heim und verdoppelt sein Elend. „Was der Leichtsinnige nun tut, ist aber für die damaligen Hörer das Allerschlimmste, was er tun kann. Man vergesse nicht, daß das Gleichnis pharisäischen Schriftgelehrten erzählt wird. Wir sind versucht zu sagen: ‚Was sollte denn der Mittellose anderes tun als das, was er getan hat? Wenn er sich an einen Bürger desselben Landes wandte, dann wollte er doch wenigstens arbeiten.' Der pharisäische Schriftgelehrte würde sagen: ‚Er hätte sich die Füße wundlaufen sollen, bis er zur nächsten jüdischen Gemeinde gekommen wäre, und hätte dort um Hilfe und Arbeit bitten sollen.' So aber fügt er zu seinem liederlichen Leben noch den *Abfall vom Glauben seiner Väter* hinzu, denn bei dem Bürger des fremden Landes, des Heidenlandes, gibt es keinen Sabbat, kein rituelles Essen usw." Auch die Arbeit, die ihm der

Heide gibt, bedeutet für ihn Sünde. „Verflucht sei der Mann, der Schweine züchtet", lautet ein jüdischer Spruch . „Er muß sich mit unreinen Tieren (3. Mos. 11,7) befassen, ... er ist ... praktisch gezwungen, seine Religion ständig zu verleugnen."

In düsteren Farben ist hier das Bild des Sohnes gemalt. Er ist wirklich ein „verlorener Sohn". Die Anspielung auf die Zöllner, auf jene, die sich — die Gesetze des väterlichen Glaubens verleugnend — in den Dienst der Heiden gestellt haben, ist nun offenkundig. Aber nicht so, als ob der Sohn die Zöllner „bedeuten" sollte. Wir müssen verstehen, wie Jesus hier seinen Zuhörern etwas einräumt, um so sicherer für das Wort seiner Parabel Geltung zu erlangen: Was immer zur Sache zu sagen ist, zur Sache mit den „Zöllnern und Sündern", schlimmer kann das Urteil nicht ausfallen, als es hier den „verlorenen Sohn" treffen muß, und insofern kann die Parabel beanspruchen, wirklich ein Wort zur Sache zu sein [e].

Das Verlorene wird gefunden

Die sündhafte Arbeit bringt dem Manne kaum die notdürftigste Nahrung ein, so daß er noch die Schweine um ihr Futter beneidet, um die ungetrockneten Schoten des Johannisbrotbaumes [d], die von Menschen nur in der äußersten Not gegessen werden. Wie gerne hätte er sich mit dieser kaum genießbaren Speise den Bauch vollgeschlagen, um einmal satt zu sein. Aber er bekommt sie nicht. Der Fremdling muß hinter dem Vieh zurückstehen, das das Eigentum seines Herrn ist .

Ein jüdisches Sprichwort sagt: „Wenn die Israeliten Johannisbrot nötig haben, dann kehren sie (zu Gott) um." So geht es auch bei dem verlorenen Sohn. Er stellt Vergleiche an zwischen seiner Lage und dem Ergehen der Tagelöhner seines Vaters, denen ihr gütiger Herr mehr Brot gibt, als sie essen können. Dabei bleibt es aber nicht. Ihm wird bewußt, wie er sich durch sein liederliches Leben gegen Gott und seinen Vater verschuldet hat, und er weiß, daß er es nicht mehr verdient, als Sohn seines Vaters zu gelten. Er beschließt, heimzukehren und den Vater durch sein Bekenntnis und seine Bitte zu bewegen, ihn doch wenigstens wie einen seiner Tagelöhner zu stellen.

Daß ein Mensch unter dem Druck des selbstverschuldeten Elends zur Erkenntnis seiner Sünde kommt und umkehrt, ist nichts Ungewöhnliches

---

[e] Vgl. o. S. 28 f.

[d] Wenn Luther hier mit dem Worte „Treber" übersetzt, dann hat er — durchaus sachgemäß — die unbekannte fremdländische Frucht durch das bei uns zu Lande gebräuchliche Schweinefutter wiedergegeben. Treber sind die Rückstände der zur Biergewinnung gebrauchten Gerste.

und wirkt glaubhaft. Das Folgende aber, was die Parabel erzählt, ist nicht gerade alltäglich. Auch wenn er es noch so eilig hat, ist es für einen betagten Orientalen unter seiner Würde, zu laufen . Fällt der Vater dem Sohn um den Hals, dann hindert er ihn, vor ihm auf die Knie zu sinken und sich zu demütigen. Küßt er ihn, dann ist das nicht nur ein Zeichen überquellender Zärtlichkeit aus Freude über das endliche Wiedersehen. „Man muß an die Symbolik des Kusses denken, um den Wortlaut des Textes ganz zu erfassen. Der Knecht, der Sklave küßt die Füße. Auch der Kuß auf die Hand, zu dem man sich auf das Knie niederläßt, bringt noch zum Ausdruck, daß man den Geküßten als einen Höheren ehrt. Der Kuß auf die Wange gilt dem Gleichstehenden."

Wenn der Vater den Heimkehrenden umarmt und küßt, so hat er „ihm gezeigt, ohne daß ein Wort gesprochen wird: ‚Du sollst als mein Sohn gelten trotz allem, was geschehen ist.' "

Darauf läuft auch alles hinaus, was die Geschichte in den folgenden Sätzen vom Verhalten des Vaters erzählt. Durch ein Ehrenkleid soll der Sohn ausgezeichnet werden als Ehrengast. Die Übergabe des Ringes, der als Siegelring zu denken ist, wie Ausgrabungsfunde lehren, bedeutet Vollmachtsübertragung. Das Tragen von Schuhen — ein Luxus damals — zeichnet den freien Mann vor den barfuß laufenden Sklaven aus. Das Schlachten des gemästeten Kalbes „bedeutet ein Freudenfest für Haus und Gesinde und die feierliche Aufnahme des heimkehrenden Sohnes in die Tischgemeinschaft. Die... Anordnungen sind das öffentliche Sichtbarmachen der Vergebung und der Wiederherstellung der Kindesstellung."

Jesu Zuhörern ist das Verhalten des Vaters wohl kaum als selbstverständlich erschienen. Aber unverständlich oder gar unglaubwürdig konnte das, was die Parabel von dem Vater erzählt, ihnen auch nicht sein. Väterliches Erbarmen war bei ihnen so sehr sprichwörtlich, daß es als stehendes Bild dienen konnte für das Erbarmen Gottes mit den Verschuldeten. So beteten sie mit dem 103. Psalm: „Wie sich ein Vater über seine Kinder erbarmt, so erbarmt sich der Herr über die, so ihn fürchten." [e] Zudem entfalten die Worte des Vaters V. 24 ihre eigene Kraft: Wenn man das, was man abschreiben mußte, wieder als Plus buchen darf, wenn gefunden ist, was verloren war, das *ist* doch Grund zur Freude!

Es kann den Hörern der Parabel nicht entgehen, daß Jesus auch mit dem, was hier zwischen Vater und Sohn geschieht, auf die Situation anspielt, über die sie sich mit ihm nicht einig sind. Sie werfen ihm vor, daß er sich mit Sündern abgibt, und er erzählt eine Geschichte von einem Sün-

---

c V. 13, vgl. auch Jes. 64, 7 [8].

der, ja aber von einem Sünder, der umkehrt. Und dabei erscheint die Umkehr als etwas so Einfaches: Das Elend treibt den Mann zur Einsicht, die Umkehr steht vor ihm als der einzige Weg, auf dem es noch etwas zu hoffen gibt. Dem Bekenntnis seiner Schuld antwortet eine überreiche Barmherzigkeit. Keine Bewährungsprobe wird ihm abverlangt; indem er das Schuldbekenntnis spricht, wird er schon wieder als Sohn des Vaterhauses angenommen. Ja, wenn *das* Umkehr wäre, könnte dann nicht ein Verlorener einem Umgekehrten zum Verwechseln ähnlich sehen? Wenn das Umkehr wäre ...! Jesus kennt doch die strengen Forderungen, die man an den Büßer stellte, die Erwartung, die man ihm entgegenbrachte, daß sich nun in seinem Leben sehr sichtbar zeigen würde, daß etwas anders geworden war, wobei es nicht an Bereitschaft fehlte, ihn dann, wenn er sich hinreichend bewährt hatte, wieder voll in die Gemeinschaft aufzunehmen. Jesus weiß das alles. Wenn er trotzdem die Geschichte so erzählt, dann will er offenbar das, was Umkehr ist, im Lichte dieser Geschichte sehen. Kann es ihm gelingen, auch seine Zuhörer dahin zu bringen? Wenn es möglich ist, eine solche Barmherzigkeit bei einem irdischen Vater glaubhaft zu machen, um wieviel mehr kann sie dann vom himmlischen Vater ausgesagt werden.

Obgleich das Verhalten des Vaters in der Parabel — wie schon gesagt — keineswegs alltäglich ist, muß die Sprichwörtlichkeit des väterlichen Erbarmens bewirken, daß keiner der Hörer es als unwahrscheinlich abtun und sich so der Kraft der Parabel entziehen kann. Um so mehr, als diese Sprichwörtlichkeit gleichsam „aufgeladen" ist an Energie durch die seinerzeit bestehenden patriarchalischen Verhältnisse und gespeist durch die nicht selten beachtete Analogie zwischen menschlicher und göttlicher Vaterschaft . Nicht die Selbstverständlichkeit trägt diesen Zug des Gleichnisses. Die Glaubhaftigkeit wird ihm aber auch nicht von der Sachhälfte her zuteil. In ihm spricht sich Ursprüngliches aus, das das Psychologisch-Wahrscheinliche und Durchschnittlich-Übliche übersteigt .

Wiederfinden muß gefeiert werden

Mit V. 24 ist das eigentliche Thema der Parabel erreicht. Wie bei allen doppelgipfligen Parabeln liegt das Schwergewicht auf der zweiten Hälfte . Beim *Leser* der Parabel, der den Text vor sich hat, entsteht der Eindruck, daß V. 24, der wie ein Kehrreim am Ende der Strophe mit geringen Veränderungen in V. 32 noch einmal wiederkehrt, die Erzählung in zwei gleiche Teile zerlegt . Für den *Hörer* der Parabel mußte diese Gliederung zurücktreten hinter der Dynamik des Erzählungsablaufs: V. 24

sorgt für die richtige Einstellung zu dem Folgenden. Es liegt ein erzählerischer Kunstgriff vor: was dem Sohn erst in V. 32 gesagt wird, bekommt der Hörer schon in V. 24 zu wissen, damit ihm das Verhalten des ältesten Sohnes von vornherein in diesem Lichte erscheint und er um so sicherer den Worten des Vaters zustimmt.

Das Wort des Vaters rechtfertigt das Fest. Aber auch das übrige muß den Zuhörern deutlich machen, daß es um das Fest geht, um nichts anderes: Der Erzähler läßt den ältesten Sohn erst nach Hause kommen, als das Fest schon im Gange ist. Selbst der Tanz der Männer, der doch erst auf das Festmahl zu folgen pflegt, muß schon begonnen haben, damit das Gejauchze und Gepolter draußen hörbar ist und der Protest des Sohnes gegen das Fest sichtbar werden kann als Weigerung, hineinzugehen. Das ist nicht Abspiegelung der Wirklichkeit, sondern Regie des Erzählers [f]. Nur so kann auch gesagt werden, daß der Vater hinausgeht zu dem Älteren, wie er dem Jüngeren entgegenlief, so daß sich die gleiche Gebärde der Liebe noch einmal wiederholt. Der Vater redet dem Sohne zu. Antwortet dieser mit Vorwürfen, so will er sich nicht über ein Leben in enger Dienstbarkeit beklagen. Es trifft nicht zu, daß er sein Leben beim Vater als Sklavendienst herabsetzt, wie einige Ausleger sagen . Ebensowenig wirft er dem Vater vor, daß jener ihn zu kurz gehalten habe. Nicht einmal ein Böcklein: dieser Vergleich muß das Ausmaß des Festes beleuchten. So viele Jahre — und nie ein Fest! Aber jetzt! Hier geht es um den Anlaß. Aus diesem Anlaß solch ein Fest! Das ist der Protest des älteren Sohnes [g].

Es ist die meisterliche Kunst des Erzählers, die diesen Protest so ausführlich zu Worte kommen läßt, um ihn dann abzufangen und das Recht des Festes dadurch um so sicherer zu erweisen. „Alles, was mein ist, ist dein": Der Ältere kommt nicht zu kurz! So wenig wie der Herr im Gleichnis von den Arbeitern im Weinberg ist der Vater in dieser Parabel ungerecht! „Du bist allezeit bei mir": Das deckt einerseits die Aussage des Sohnes: „All die Jahre diene ich dir", andererseits steht es dem entgegen, was über den jüngeren Bruder gesagt werden muß: „Er war verloren und ist wiedergefunden", so, wie im Gleichnis vom verlorenen Schaf die 99 in Sicherheit dem einen verlorenen gegenübergestellt werden. So kann sich

---

[f] Vgl. o. S. 13 f.

[g] Einige Ausleger möchten diese Verse dahin deuten, daß sich hier auch der Ältere als ein verlorener Sohn erweist, der sich vom Vater entfernt hat, wenngleich er äußerlich bei ihm geblieben ist. (Schniewind, S. 81, vgl. Bugge, S. 425, Schlatter, S. 357.) Den Zuhörern Jesu konnten solche Gedanken nicht kommen. Einmal deshalb, weil sie ihren Protest gegen Jesus nicht mit dem Protest des älteren Bruders identifizieren konnten (s. u.), zum anderen, weil weder der Sohn im Gleichnis sein Leben beim Vater, noch die Pharisäer ihren Gesetzesgehorsam als „Sklavendienst" verstanden.

der Zuhörer schwer entziehen, wenn der Vater sagt: Das ist ein Ereignis, das mit einem Fest begangen werden *muß*. Ein heiliges Muß ist es, das hier waltet. (Vgl. das in der Auslegung vom Schalksknecht zu V. 33 Gesagte.)

Das Wort des Vaters läßt sich auf verschiedene Weise übersetzen. Entweder soll es bedeuten: „Es war einfach notwendig, aus diesem Grunde solch ein Fest zu veranstalten." Oder aber: „Du müßtest jubeln und dich freuen." Sachlich kommt beides auf das gleiche heraus. Wenn der Vater in der ersten Fassung die Notwendigkeit erweist, das Fest zu veranstalten, dann ist damit die Pflicht des Sohnes erwiesen, sich daran zu beteiligen. In der zweiten Fassung aber ist das Wort keineswegs nur Vorwurf, sondern es zeigt an, was das Gebot der Stunde ist, das der Älteste zu respektieren hätte.

Man würde die Situation, in der die Parabel erzählt wurde, mißverstehen, wenn man die Pharisäer mit der Figur des älteren Bruders identifizieren wollte . Der Protest des älteren Bruders gegen das Fest ist nicht der ihre. Es liegt eine Verschränkung vor, wie wir sie oft in Jesu Gleichnissen finden. Der Vorwurf der Pharisäer war: Wie kannst du mit solchen Leuten feiern! Die Antwort Jesu lautet: Das Verlorene ist gefunden. Das muß gefeiert werden! Ich feiere Gottes Fest mit. Und wie steht es mit Euch?[h]

Gewiß spielt Jesus in der Figur des älteren Bruders auf die Pharisäer an. Nicht umsonst wird in V. 29 formuliert: „Ich habe noch nie ein Gebot übertreten." Indem Jesus jene Figur in ihren positiven Zügen so charakterisiert, daß sie dem Typ des Pharisäers gleicht, schiebt er seinen Zuhörern gleichsam jene Rolle zu[i]. Gerade weil der Protest des älteren Bruders hier nur die Folie ist, von der sich das Recht des Festes abhebt, kann der Pharisäer mit dem älteren Bruder verknüpft werden, obwohl sein Protest nicht der des älteren Bruders ist. Diese Anspielung sichert aber, daß die Parabel von Jesu Hörern gehört werden muß als ein Wort, das auf ihre Antwort wartet[j].

Jesu Wort und die Antwort seiner Hörer

Jesus sagt an, was die Stunde geschlagen hat und möchte seine Zuhörer bewegen, ihm in dieser Zeitbestimmung recht zu geben. Werden sie mit ihm ins Einverständnis gelangen und erkennen, daß *jetzt die Zeit* ist,

---

[h] Vgl. o. S. 29.
[i] Vgl. o. S. 28 f.
[j] „Jesu Hörer sind in der Lage des älteren Sohnes, der sich entscheiden muß, ob er den bittenden Worten des Vaters Folge leisten und sich mitfreuen will" (Jeremias, S. 116).

in der das Verlorene heimfindet? Werden sie in die Freude dieses Wiederfindens einstimmen und nicht länger gegen Jesu Tafelrunde protestieren, in der er das Fest der Heimkehr feiert als den Anfang der größten Werke Gottes, als „Vorfeier der Gottesherrschaft" ?

Jesu Tun hebt die Welt aus den Angeln, indem es ihre Ordnung stört, so hatten wir am Anfang gesagt. Nun kommt es darauf an, wie man dieses Tun begreift: Ob man die Störung als Zer-störung versteht, die aus der Welt geschafft werden muß, möglichst noch ehe sie sich verderblich auswirken kann, oder als Antwort auf ein Geschehen, in dem die Macht dessen hereinbricht, der größer ist als die Welt und ihre Ordnungen.

Wer das zweite gelten lassen will, der muß die Sorge dafür, daß die Welt „in Ordnung" bleibt, dem überlassen, auf dessen Tat er antwortet — was nicht heißt, daß er sich damit der ihm aufgetragenen Verantwortung entledigen könnte[k]. Er wird aber auch bereit sein müssen, es zu erleiden, daß man ihn um der Ordnung der Welt willen „aus der Welt schafft."

5. DIE PARABEL VON DEN ARBEITERN IM WEINBERG
(Mt. 20, 1—16)

Die Einleitung der Parabel

Die Parabel von den Arbeitern im Weinberg wird durch eine Vergleichsformel eingeleitet. Diese will nicht mehr sagen, als daß die Parabel einen Bezug zur Himmelsherrschaft hat. Wir dürfen uns durch diese Einleitung nicht dazu verleiten lassen, die Parabel als eine zeitlose, in Bilder gefaßte Offenbarung über das Himmelreich zu verstehen, sondern müssen auf die Beziehung zwischen der Parabel und der geschichtlichen Situation, in der sie gesprochen wurde, achten[a].

Die Parabelerzählung

... der in der Frühe ausging, um Arbeiter zu dingen ...

Den Zuhörern Jesu waren die Verhältnisse, die die Parabel voraussetzt, vertraut. Ein Weinbergbesitzer begibt sich bei Tagesanbruch[b] auf den

---

[k] Vgl. zur Sache Friedrich Gogarten: Der Mensch zwischen Gott und Welt, 3. Aufl. Stuttgart 1962, Verhängnis und Hoffnung der Neuzeit, 2. Aufl. Stuttgart 1958.

[a] Vgl. o. S. 19 f.

[b] Im Urtext lautet die Stelle wörtlich: zugleich mit der Frühe, d. h. mit dem Beginn des (Arbeits-)Tages.

Marktplatz (vgl. V. 3), wo sich die arbeitsuchenden Tagelöhner einzufinden pflegen. Er stellt eine Anzahl von Arbeitern für seinen Weinberg ein, nachdem er mit ihnen über den Tagelohn einig geworden ist. Ein Denar war „nach damaligen Verhältnissen ein gut bemessener Lohn" [c]. Der Arbeitstag dauert von Sonnenaufgang bis Sonnenuntergang. Man teilt ihn in 12 „Stunden" ein, die von Sonnenaufgang an gezählt werden. Das Gespräch des Weinbergbesitzers mit den Tagelöhnern, die er noch um die 11. Stunde auf dem Markte müßig findet, soll schwerlich dazu dienen, ihre Arbeitslosigkeit als unverschuldet hinzustellen, denn die Parabel begründet die Auszahlung des vollen Lohnes an jene nicht mit ihrer unverschuldeten Notlage. Vermutlich hat es nur eine formale Funktion im Aufbau der Erzählung: Durch die Ausführlichkeit der Unterhandlung wird die Einstellung der letzten Arbeiter in dem Maße hervorgehoben, wie es ihrer Bedeutung im Zusammenhang der Erzählung entspricht. Ob die Entschuldigung der Arbeiter in V. 7 ernstgenommen werden soll oder nur als faule Ausrede gedacht ist, mit der sie „ihre echt orientalische Gleichgültigkeit bemänteln" , läßt sich schwer entscheiden.

Es ist ungewöhnlich, daß der Hausherr mehrmals am Tage, zuletzt noch kurz vor Feierabend, ausgeht, um Arbeiter zu suchen. Normalerweise überblickt ein Besitzer, wieviel Arbeitskräfte er braucht, und dingt gleich am Morgen die entsprechende Anzahl Tagelöhner. Der ungewöhnliche Zug beruht auf der Absicht des Erzählers, den Ganztagsarbeitern die Arbeiter der letzten Stunde gegenüberzustellen [d]. Er hat seinen Grund in der Sache, auf die die Parabel zielt, nicht im Stoff der Erzählung [e]. Es geht nicht an, das merkwürdige Verfahren des Hausherrn etwa aus einer dringlichen Erntesituation zu verstehen. Die Erzählung liefert dafür keinen Anhalt [f], und sie würde auch die Pointe der Parabel verderben, wenn sie derartige Gedanken in den Hörern aufkommen ließe. Diese würden dann die reichliche Entlohnung der zuletzt gekommenen nicht als einen Akt der Güte verstehen, wie es die Parabel will, sondern als den schuldigen Dank des Weinbergbesitzers dafür, daß jene ihn in seiner kritischen Lage nicht im Stich gelassen haben .

---

[c] Michaelis, Gleichnisse, S. 172; vgl. Billerbeck I, S. 831. Es trägt sein Teil zu der Wirkung der Parabel bei, wenn die Hörer den Eindruck erhalten, daß der mit den Tagelöhnern ausbedungene Arbeitslohn voll angemessen ist.

[d] „In der Parabel vom gleichen Lohn für ungleiche Arbeit treten fünf Gruppen auf; *nur auf die erste und die letzte kommt es an*, aber der krasse Gegensatz der Extreme muß durch Übergänge vermittelt werden; die Unwahrscheinlichkeit der Geschichte wäre sonst zu kraß." (Bultmann, Gesch., S. 205, Hervorhebung von mir.) Vgl. o. S. 17.

[e] Vgl. o. S. 30 f.

[f] **Das Fehlen von Motivierungen in der Exposition ist stilgemäß!** (Vgl. Bultmann, Gesch., S. 205 f.; s. o. S. 17).

Der ungewöhnliche Zug nötigt die Hörer aber auch keineswegs, hinter die Erzählung zurückzufragen und die Erklärung darin zu suchen, daß hier eben nicht von einem irdischen Hausherrn, sondern von Gott die Rede sei. Da das Einstellen von Arbeitern zu einer späteren Stunde des Arbeitstages vorkommen konnte, hat der Zug gerade soviel Wahrscheinlichkeit, daß er die Erzählung nicht sprengt. Überdies wird dadurch, daß das merkwürdige Verhalten des Besitzers ohne jede Motivierung erzählt wird, eine starke Spannung erzeugt, die die Aufmerksamkeit des Hörers auf den Fortgang der Erzählung richtet und die Frage nach dem Grund für das merkwürdige Verhalten des Besitzers nicht aufkommen läßt.

... Ich will euch geben, was recht ist

Während die Erzählung bei den mit **Tagesanbruch eingestellten** Arbeitern ausdrücklich den Tageslohn nennt, läßt sie den Hausherrn zu den später eingestellten sagen: „ich will euch geben, was recht ist", und bei den letzten erwähnt sie gar nichts vom Lohn, wenn wir den besseren Handschriften folgen. Keinen der Hörer Jesu konnte das aber auf den Gedanken bringen, der uns in einigen Auslegungen begegnet: Durch den Verzicht auf Lohnabmachungen hätten die später gedungenen Tagelöhner dem Besitzer ein besonderes Vertrauen entgegengebracht und bewiesen, daß sie ein persönliches Verhältnis zu ihm hatten und um seinetwillen arbeiten wollten, während es den erstgedungenen nur um ihren eigenen Vorteil ging. Im Blick auf ein Tagelöhnerverhältnis ist dieser Gedanke absurd.

Es liegt im Gefälle der Erzählung, wenn der Erzähler hier so unbestimmt bzw. gar nicht von Lohnabmachungen redet[g]. Er würde sich ja die Parabel verderben, wenn er schon an dieser Stelle durchblicken ließe, daß der Hausherr gewillt ist, allen den vollen Tageslohn zu zahlen.

Die Zusicherung des Besitzers, zu zahlen, was „recht und billig" ist, müssen die Zuhörer dahin verstehen, daß der Lohn der später gedungenen Tagelöhner den entsprechenden Bruchteil eines Denares betragen werde.

... „Zahle ihnen den Lohn"

„Die Lohnauszahlung am Abend ist etwas so völlig Selbstverständliches (3.Mos.19,13; 5.Mos.24,14 f.), daß die besondere Erteilung eines Auftrages anzeigt, 'aß der Weinbergbesitzer etwas Besonderes vorhat. Diese besondere Absicht besteht ... nicht ... darin, daß die Letzten den

---
[g] Vgl. o. S. 14 f.

Lohn zuerst erhalten sollen, sondern in der Auszahlung des Tageslohnes an alle ohne Ausnahme." Daß die Ersten ihren Lohn zuletzt erhalten, bedeutet keine Benachteiligung, sondern ist „ein Kunstgriff des Erzählers", der auf diese Weise „die Ersten Zeugen der überaus gnädigen Entlohnung ihrer Kameraden" werden läßt. Zur Regie des Erzählers gehört es auch, daß der Besitzer bei der Lohnauszahlung anwesend gedacht ist, denn das war nicht üblich, wenn ein Verwalter den Lohn auszahlte .

Die Gleichstellung mit den Arbeitern der letzten Stunde empfinden die Ganztagsarbeiter als eine zweifache Ungerechtigkeit: „1. Sie mußten sich zwölf Stunden plagen, die anderen nur eine Stunde; 2. sie mußten in der Schirokkohitze arbeiten, die anderen in der Abendkühle." „In ihrer Empörung lassen sie die Anrede fort." Die Antwort des Besitzers macht einen der Murrenden zum Vertreter der ganzen Gruppe. Daß er ihn mit „Freund" anredet, darf nicht als besondere Freundlichkeit ausgelegt werden. Das griechische Wort, das man auch mit: „mein Lieber", „mein Bester" wiedergeben könnte, wird allgemein gebraucht zur Anrede von jemand, dessen Namen man nicht weiß .

Zweifach weist der Besitzer dem Murrenden nach, daß seine Empörung nicht berechtigt ist: 1. Dir geschieht kein Unrecht; du hast bekommen, was vereinbart war. 2. Du kannst doch nicht leugnen, daß ich über meinen Besitz die volle Verfügungsgewalt habe, die mir erlaubt, dem anderen genau soviel zu geben wie dir. Dieser Nachweis hat eine doppelte Funktion: 1. schafft er die Voraussetzung dafür, daß das Verhalten des Besitzers als Güte verstanden werden kann: Die Gerechtigkeit bildet die Folie, vor der die Güte als Güte erscheinen kann, ohne als Willkür mißdeutet zu werden; Güte wäre nicht Güte, wenn sie dem einen auf Kosten des anderen geben würde;

2. fällt, sofern der Besitzer fraglos im Recht ist, die Frage auf den Murrenden zurück. Der Schlußsatz der Parabel darf aber nicht als Tadel verstanden werden. Er rechnet mit dem Einverständnis des Angeredeten: Du kannst doch nicht gut scheel sehen, weil ich gütig bin! Güte fordert Billigung, und ihrer Forderung kann sich niemand entziehen. Ist Güte *als Güte verstanden,* dann muß sie auch gebilligt werden. Gegen Güte kann man nicht murren![h]

Wörtlich übersetzt lautet V. 15 b: „Oder ist dein Auge böse, weil ich gut bin?" Die unerhörte sprachliche Zuspitzung können wir nicht festhalten, weil „gut" in unserer Sprache eine Eigenschaft meint, nicht eine Beziehung, ein Verhalten zu einem anderen. Wir müssen es durch das

---

[h] „Hier ist zu begreifen ...: daß Güte nicht nur dem Betroffenen Freiheit (von Not), sondern jedem Verstehenden Gemeinschaft gewährt" (Fuchs, Aufsätze II, S. 363).

Wort gütig ersetzen, wenn wir annähernd den gemeinten Sinn treffen wollen. Die Wendung „böses Auge" kann Neid bedeuten, aber sie ist nicht auf diesen Begriff eingeengt, der schlecht geeignet ist, um die ursächliche Beziehung zwischen dem gütigen Verhalten des Besitzers und dem „bösen Auge" des murrenden Tagelöhners zu erfassen. Der Neid enthält das Moment des Begehrens, und man könnte etwa formulieren: „Bist du neidisch, weil jene sich weniger plagen mußten als du?" Die Aussage: „Bist du neidisch, weil ich gütig bin?" ist dagegen sprachwidrig. Der Gegenbegriff zum „bösen Auge", das „gute Auge", kann mit „Wohlwollen" wiedergegeben werden. Ein entsprechendes Wort „Übelwollen" kennt unser Sprachschatz nicht. Am ehesten ließe sich das Gemeinte mit dem Begriff „Mißbilligung" erfassen. Aber auch dann haben wir noch nicht sämtliche Nuancen, auf die es ankommt, beisammen. Die Bezeichnung „böses Auge" enthält zugleich eine Wertung dessen, was das blickende Auge tut. Am ehesten vermag Luthers Prägung „sieht dein Auge scheel" für unser Sprachgefühl voll zu umfassen, was mit dem Ausdruck „böses Auge" im Urtext gemeint ist. Nur dürfen wir sie dann nicht einengen auf die Bedeutung „Neid" .

Der Rahmen der Parabel

Die Parabel von den Arbeitern im Weinberg hat in V. 16 eine Anwendung erhalten: Der Vers greift 19, 30 auf und läßt die Parabel als eine Erläuterung des Wortes von den Ersten, die zu den Letzten werden, erscheinen. Auf diese Weise muß die Parabel die Warnung verstärken, die den Jüngern neben der Verheißung in 19, 27—30 gegeben wird, damit ihre Vorrangstellung sie nicht dazu verführt, sich zu überheben.

Aber die Anwendung trifft den Sinn der Parabel nicht. Daß die Ersten zu Letzten werden, ist in ihr nur ein unbetonter Nebenzug. Überdies zeigt sich, daß die Verbindung der Parabel mit dem Jesuswort 19, 30 nicht ursprünglich sein kann: Dieses wird nicht nur bei Markus (10, 31) ohne die Parabel, sondern bei Lukas (13, 30) sogar in einem völlig anderen Zusammenhang als bei Markus und Matthäus überliefert und muß demnach selbständig gewesen sein. Dann kann aber auch 20, 16 nicht ursprünglich zur Parabel gehören, denn dieser Vers ist von 19, 30 abhängig. Er wird vom Evangelisten gebildet worden sein, um das Gleichnis an dieser Stelle in den Zusammenhang des Evangeliums einzufügen. Erst durch den Zusammenhang wird die Parabel zum Jüngergleichnis gemacht[i].

---
[i] Vgl. o. S. 43 f.

Die Parabel als Wort zur Sache

Die geschichtliche Situation, aus der wir die Parabel verstehen müssen, ist dieselbe, die wir bei den Gleichnissen vom Verlorenen, Lk. 15, kennengelernt haben: Jesus antwortet auf den Protest der Schriftgelehrten und Pharisäer gegen seine Tischgemeinschaft mit Zöllnern und Sündern .

Jesus steht vor seinen Hörern als einer, der die heilige Ordnung stört. Er ignoriert den Unterschied, den das Gesetz zwischen dem Gerechten und dem Sünder aufrichtet. Er hält Gemeinschaft mit offenkundigen Sündern, obgleich er selber kein Sünder ist, wie seine Gegner wohl wissen. Wenn er die Schranke zwischen Sündern und Gerechten nicht beachtet, dann ist das, als ob der Damm, der die Gemeinschaft gegen das Überfluten der Sünde schützen soll, eine Einbruchsstelle erhielte. Das muß ernste, verantwortungsbewußte, fromme Männer, wie es die Pharisäer und Schriftgelehrten waren, gegen Jesus aufbringen. Was sie treibt, ist nicht Neid oder lieblose Selbstsucht .

Jesus antwortet mit einer Parabel, die ein Gegenbild entwirft zu dem Eindruck von der Situation, der das Urteil seiner Gegner bestimmt[j].

Auch in der Parabel wird eine Ordnung angetastet. Noch nicht dadurch, daß der Besitzer am späten Abend noch Arbeitskräfte einstellt. Auch dadurch noch nicht, daß die zuletzt gekommenen für eine einzige Arbeitsstunde einen ganzen Denar erhalten. Die Erwartung der Ganztagsarbeiter, sie würden entsprechend mehr bekommen, beruht auf der Zuversicht, daß die *Lohnordnung* auf alle Fälle eingehalten wird. Indem aber der Hausherr auch ihnen nur den ausbedungenen Denar bezahlt, wird diese Ordnung durchbrochen. Das ist es, was den Protest der Tagelöhner hervorruft. („Du hast sie uns gleichgestellt...") Der Hausherr aber vermag zu zeigen, daß dem Recht Genüge geschehen ist: *Was wie ein Bruch der Rechtsordnung erschien, war in Wahrheit das Erscheinen von Güte, und Güte kann man nicht mißbilligen.*

Die unmittelbare natürliche Einstellung zu fleißigen und faulen Arbeitern, zu Leistung und Lohn muß die Zuhörer bewegen, für die murrenden Tagelöhner Partei zu ergreifen. Gerade dadurch aber werden sie genötigt, die Wende im Urteil mitzuvollziehen, die die Worte des Besitzers herbeiführen.

Natürlich wäre für den Erzähler nichts gewonnen, wenn seine Zuhörer jene Wende im Urteil nicht zugleich im Blick auf die Sache vollziehen, die zwischen ihm und ihnen strittig ist. Deshalb hat er es so eingerichtet, daß „Bild" und „Sache" einander weitgehend entsprechen. Die

---

[j] Vgl. o. S. 24.

Parabel stellt den Ganztagsarbeitern die Arbeiter der letzten Stunde so gegenüber, wie in der Wirklichkeit die ihr Leben lang mit Eifer und Geduld um die Erfüllung des Gesetzes bemühten Pharisäer den offenkundigen Übertretern des Gesetzes gegenüberstehen. Indem der Erzähler das Wertungsverhältnis, das nach dem Urteil seiner Zuhörer in der wirklichen Situation besteht, in die Parabel hineinnimmt, räumt er seinen Hörern soviel ein, daß er sicher sein darf, sie werden die Parabel auf die Situation beziehen [k].

Nachdem sie die Erzählung Jesu gehört haben, muß ihnen deutlich sein, daß Jesus jenes Geschehen, wogegen ihr Protest sich richtet, als das Erscheinen von Güte verstanden wissen will und von ihnen die Billigung erwartet, die man der Güte schlecht verweigern kann [l].

Redet Jesus von *seiner* Güte? Die Einleitung der Parabel bezieht das Erscheinen der Güte auf die Gottesherrschaft, von der Jesus verkündigt, daß sie jetzt im Anbruch ist .

Es steckt ein ungeheurer Anspruch dahinter, wenn Jesus auf einen Angriff gegen *sein* Verhalten mit einer Parabel antwortet, in der von *Gottes* Tun die Rede ist! Nicht so, als wollte Jesus damit für sich eine besondere Würde geltend machen und von sich sagen, daß er der Messias, der Menschensohn, der Gottessohn sei. Es ist der Anspruch, daß Jesus mit seinem Verhalten Gottes Tun entspricht [m]. Das bedeutet aber für seine Hörer die Aufforderung, dem Erscheinen der Güte Gottes, das Jesus in seinem Umgang mit Zöllnern und Sündern wahr-nimmt, in Verstehen und Verhalten zu entsprechen. So, wie der murrende Tagelöhner die Güte des Besitzers

---

[k] Vgl. o. S. 29.
[l] Die vielleicht seltsam anmutende Formulierung „Erscheinen der Güte" ist wegen ihres Anklangs an den Begriff Epiphanie gewählt. Denn um Epiphanie, um göttliches Erscheinen, geht es hier: jene Güte ist nicht die Auswirkung einer unwandelbar vorhandenen Eigenschaft, sondern sie kommt unvorhergesehen wunderbar ins Spiel.
[m] Vgl. Fuchs, Ev. Th. 1958, S. 259 und Aufsätze II, S. 223 f.: „So geht man schwerlich fehl, wenn man urteilt, gerade Jesu Mahl bzw. sein ganzes Verhalten gegenüber Zöllnern und Sündern, die ‚Buße' taten, schließe jedenfalls in Jesu Augen einen bestimmten Akt von Gottes Güte ein oder sei wenigstens mit einem solchen Akt vergleichbar (Mt. 4, 17). Das bedeutet zwar auch, daß der sündige Mensch auf Gottes Güte *angewiesen* ist. Es bedeutet aber im besonderen, daß Jesus diesen Akt der Güte Gottes auf jeden Fall in Aussicht gestellt hat und sein Verhalten bei sündigen Menschen danach einrichtet ... Er trat nicht etwa bloß als Prediger einer etwaigen und allen miteinander nötigen Güte Gottes auf. Jesus hielt sich vielmehr an diese Güte als an ein ihm *bekanntes* Ereignis und scheute sich nicht, diesem Ereignis gerade in seinem eigenen Verhalten zu den Verurteilten zu entsprechen. Jesu benahm sich also ganz konkret als Gottes Stellvertreter und bemerkte selbst dazu: ‚Heil dem, der sich nicht an mir ärgert!' (Mt. 11, 6). Ein derartiger Ausspruch bezieht sich doch nicht auf persönliche Eigenschaften Jesu oder auf eine dogmatische Einschätzung seiner Person, sondern auf sein Verhalten und auf seine Verkündigung."

nur erkennen konnte, indem sein Blick von sich selbst auf den anderen gelenkt wurde, dem diese Güte zuteil ward, sollen sie das Erscheinen der Güte beim Nächsten sehen, der dieser Güte bedarf. Und im Blick auf diese Güte, die das Gesetz weit übersteigt, sollen sie die Schranken übersteigen, die das Gesetz immer wieder zwischen Menschen aufrichtet.

Wer von den Hörern Jesu sich darauf einläßt, der wird Jesus als den verstehen, der vollmächtig Gottes Gnadenzeit ausgerufen hat (2.Kor. 6, 2). Diejenigen aber, die seinem Wort verschlossen bleiben, müssen die Forderung erheben: „Kreuziget ihn, dieser lästert Gott."

6. DAS GROSSE ABENDMAHL
(Lk. 14, 15—24 — Mt. 22, 2—14)

Das große Abendmahl

Die Parabel Lk. 14, 16—24 erzählt von einem Manne, der ein großes Festmahl veranstaltet und viele dazu einlädt.

Den Worten Jesu können die Zuhörer entnehmen, daß es sich um ein „Abendmahl" handelt. Das war das Übliche für ein großes Festessen, denn man nahm ja in den späten Nachmittagsstunden die Hauptmahlzeit des Tages ein — am Alltag die einzige, abgesehen von dem kargen Frühstück am Morgen .

Der Gastgeber folgt einer höflichen Sitte, die sich besonders in den vornehmen Kreisen Jerusalems eingebürgert hatte: Zur Stunde des Mahles schickt er noch einmal seinen Knecht zu den Geladenen mit der Botschaft: „Kommt, denn es ist jetzt bereit." Die Gäste fangen aber alle miteinander an, sich zu entschuldigen. Sie haben plötzlich keine Zeit: Einer ist im Begriff einen Acker, ein anderer fünf Joch Ochsen zu kaufen, und sie wollen gerade den Kaufgegenstand begutachten[a].

Solche Dinge erledigte man wohl mit Vorliebe nach der eigentlichen Tagesarbeit vor Feierabend . Natürlich mußte man spätestens kurz nach Sonnenuntergang damit fertig sein. Denn im Orient folgt dem Tag nahezu ohne Übergang die Nacht, in der man weder einen Acker besehen, noch die Arbeitsleistung eines Gespannes beurteilen kann.

---

[a] Gewöhnlich wird übersetzt: „ich habe gekauft". Dem Sinne nach und unserem Sprachgebrauch entsprechend werden wir lieber sagen: „ich bin im Begriff zu kaufen"; denn der Acker soll ja erst begutachtet werden und die Gespanne durch eine Probearbeit geprüft, ehe der Handel perfekt wird[2].

Ein Gastmahl, das in den späten Nachmittagsstunden beginnt, pflegt sich bis weit in den Abend, oft bis nach Mitternacht, hinzuziehen. Bei Sonnenuntergang hat es also gerade erst richtig angefangen. Da die Entschuldigungen der Gäste weder typische „faule Ausreden" sind noch den Charakter einer gewollten Brüskierung tragen, werden die Hörer Jesu sie kaum als Absagen verstanden haben, sondern als Entschuldigungen für ein Späterkommen : Die Gäste wollen erst noch die restlichen ein oder zwei Tagesstunden für ihre Geschäfte ausnützen, ehe sie sich zu dem Gastmahl begeben. Es erscheint ihnen noch früh genug, sich bei Sonnenuntergang einzufinden, denn — so werden wir ihre Einstellung ansehen müssen — das Gastmahl läuft ihnen ja nicht weg.

V. 20 fällt aus diesem Rahmen allerdings heraus: Man kann ihn nur als Absage verstehen. Es fehlt hier auch die Bitte um Entschuldigung. Da aber einiges dafür spricht, daß dieser Vers erst später in die Parabel eingefügt wurde [b], dürfen wir ihn an dieser Stelle außer acht lassen.

In einem gewissen Ausmaß bot die Sitte die Möglichkeit, bei einem Gastmahl verspätet zu kommen: Bis zum Ende des Vortisches durften Gäste erscheinen. Erst dann wurde — wenigstens nach Jerusalemer Sitte — ein am Eingang des gastlichen Hauses angebrachtes Zeichen entfernt und dadurch kundgetan, daß ein weiteres Kommen von Gästen unerwünscht sei . Aber der Gastgeber erkennt die Einstellung der Geladenen. Er ist über die Unhöflichkeit und Nichtachtung, mit der sie ihm begegnen, empört und beschließt, ihnen einen Denkzettel zu erteilen; rasch schickt er seinen Knecht auf die Straße, um die ersten besten als Gäste in sein Haus zu holen [c]. Auf die Meldung des Knechtes, daß noch Raum da ist, obgleich er zusammengesucht hat, was er finden konnte, schickt der Herr diesen auch noch vor die Stadt, um nach schnell verfügbaren Gästen zu suchen . Selbst hier heißt Einladen: Nötigen, denn „auch die Ärmsten wahren die morgenländische Höflichkeit, sich aus Bescheidenheit so lange gegen die Bewirtung zu sträuben, bis sie bei der Hand genommen und mit sanfter Gewalt ins Haus gezogen werden" .

---

[b] Vgl. [16].
[c] Sowohl bei Matthäus als auch in der Parallelstelle im Thomasevangelium (siehe u. [15]) werden bei dieser Einladung nicht Arme usw. genannt, sondern die Erstbesten, die auf der Straße gefunden werden. Daß in V. 21 von Armen, Krüppeln, Blinden und Lahmen die Rede ist, dürfte auf Lukas zurückgehen, der diesen Vers an V. 13 angleichen wollte. (Siehe Jülicher II, S. 418, Hauck, S. 192, Jeremias, S. 41.) Sachlich macht es keinen großen Unterschied, denn diejenigen, welche man ohne viel Umstände von einer Minute auf die andere zu Gast bitten konnte, werden schon solche Leute gewesen sein. Nur kann die lukanische Fassung leicht den Sachverhalt verdecken: Nicht darauf kommt es dem Hausherrn an, Arme einzuladen, sondern er will in dieser kurzen Zeitspanne schnell die nötigen Gäste zusammenhaben.

Das Haus soll voll werden bis auf den letzten Platz. Dahinter steht die Absicht: Wenn sich die erstgeladenen Gäste gegen Sonnenuntergang endlich einfinden, sollen sie erkennen müssen, daß für sie kein Raum mehr ist. Sie werden das Mahl nicht zu schmecken bekommen, von dem sie wähnten, es könne ihnen nicht entgehen. Sie dachten, es sei noch früh genug, aber es ist zu spät .

Nicht dem Knechte erläutert der Hausherr V. 24 den letzten Sinn seiner Maßnahme; er redet eine Mehrzahl an. Er tritt gleichsam an die Rampe der Bühne und redet zum Publikum. Die feierliche Redeweise zeigt, daß dies der Schlüsselvers des Gleichnisses ist. Er gehört noch zur Bildhälfte, weist aber in die Sachhälfte hinüber (vgl. Mt. 18, 13; Lk. 11, 8; 18, 14) .

„Jetzt ist die angenehme Zeit"

Mit der Parabel vom großen Abendmahl antwortet Jesus auf den Ausruf eines frommen Juden, der den glücklich preist, der am Mahl im Reiche Gottes teilnehmen wird [d] . „Wie gut wird es einst denen gehen, die zum Festmahl geladen sind, das Gott den Gerechten dann bereitet, wenn er seine Herrschaft offenbaren wird!" [e]

Wenn Gott seine Verheißung erfüllt und endlich aus der Verborgenheit heraustritt, wenn es sichtbar wird, daß er allein in seiner Hand hat, was in der Welt geschieht, und alle Mächte und Gewalten ihm dienstbar sind, das muß eine so große Freude sein, daß der fromme Jude sie unter dem Bilde eines fröhlichen Gastmahls sehen muß [f]. Wohl dem, der daran teilhaben darf! Auf dieses Ziel richtet sich der ganze fromme Eifer der Pharisäer. „Um an der von Not und Tod befreiten, zum ewigen Leben gebrachten Gemeinde teilzuhaben, trugen sie froh und fleißig die Last des Gesetzes und waren darauf bedacht, gegen kein Gebot sich zu verfehlen." Zu ihnen dürfte auch der Mann zu rechnen sein, der zu Jesus gewendet diese Seligpreisung spricht. Mit ihr sagt er aus, was der Maßstab seines Lebens ist; daran mißt er sein Leben, und daran möchte er es gemessen wissen.

Der fromme Jude, der diese Seligpreisung spricht, glaubt mit seiner Einstellung Gottes Willen zu entsprechen und meint doch wohl auch, mit Jesus im Einverständnis zu sein . Jesu Gleichnis zeigt, daß er sich getäuscht hat. Es spricht ihn und seinesgleichen an als Leute, die noch immer nicht kommen wollen, obgleich das Festmahl schon begonnen hat. „Selig, wer *dermaleinst* das Brot im Gottesreiche ißt" — so wird die Seligpreisung

---

[d] Brot essen steht — der Teil für das Ganze — für die Teilnahme am Mahl.

[e] Schlatter, Lukas, S. 336. Zur jüdischen Erwartung der Gottesherrschaft vgl. o. S. 37 ff.

[f] Vgl. Mt. 8, 11.

des Pharisäers sachlich zu ergänzen sein. Die Antwort Jesu lautet: „Wer sich *jetzt* nicht dazu einfindet, für den wird es dermaleinst zu spät sein." Er verkündigt ja, daß die Gottesherrschaft schon im Anbruch ist (Mt. 12,28), daß Gott vor der Tür steht (Mk. 1,15). Mit Zöllnern und Sündern hält er die Vorfeier des Mahles, das ganz Israel von der Gottesherrschaft erwartet[g] .

Auch bei dieser Parabel müssen wir auf die Verschränkung[h] achten: Die Pharisäer glauben nicht daran, daß *jetzt* Gottes Herrschaft anbricht, und sehen keine Beziehung zwischen diesem Ereignis und Jesu Tischgemeinschaft mit Verlorenen. Jesus aber stellt die Situation in das Licht einer Parabel, in der einige Leute nicht respektieren wollen, daß das Mahl schon begonnen hat, und die Folgen tragen müssen: Wer sich nicht zum Vortisch laden läßt, bekommt das Hauptmahl nicht zu schmecken. Es besteht eine Spannung zwischen der Beurteilung der Lage durch Jesu Hörer und Jesu Verständnis der Situation, das sich in der Parabel ausspricht. Das bedeutet nicht, daß Jesus an seinen Hörern vorbeiredet, sondern es bezeichnet die Wende im Verstehen, zu der er sie durch seine Parabel bringen möchte. Welche Hilfen die Parabel ihnen im einzelnen gab, damit jene Wende für sie vollziehbar war, werden wir kaum noch erkennen können. Eher läßt sich sagen, worin jene Wendung besteht: Es geht darum, der Botschaft, die *jetzt* zu dem Feste Gottes einlädt, Glauben zu schenken und sich dementsprechend zu verhalten.

Die ganze Zukunft hängt für jeden daran, daß er dieses *jetzt* wahrnimmt, das zeigt die Parabel. Aber das Wort Jesu ist mehr als eine Drohung: Jesus wählt für das, was er sagen will, die Form der Parabel, d.h. er müht sich darum, seinen Hörern zur rechten Erkenntnis zu helfen. Während das Geschick der widerwilligen Gäste in der Parabel schon entschieden ist, steht es für Jesu Hörer noch offen. Sie haben die Entscheidung noch vor sich.

Diese Entscheidung müssen wir recht verstehen: Es geht nicht darum, „die Energie aufzubringen", „sich ganz für Gott zu entscheiden". Anderenfalls würden wir nicht Zöllner und Sünder, sondern Pharisäer und Schriftgelehrte in der Gesellschaft Jesu finden. Sie brachten ein beachtliches Maß an solchen „sittlich-religiösen" Energien auf. Von ihnen kann man nicht sagen: „Sie wollen die Gottesherrschaft, aber sie wollen sie neben anderen Dingen, neben Reichtum und Ansehen bei den Menschen; sie sind unbußfertig. Wenn die Einladung zur Gottesherrschaft an sie ergeht, sind sie

---

[g] Zu Jesu Verkündigung vom Anbruch der Gottesherrschaft vgl. o. S. 39 ff. und u. S. 99 f.

[h] Vgl. o. S. 29 f.

durch allerlei Interessen in Anspruch genommen." Wie sehr einem Pharisäer die Gottesherrschaft „über alle Dinge" gehen konnte, hat sich z. B. bei Rabbi Aqiba (gest. 135) gezeigt, der unter den grauenvollen Martern des Märtyrertodes noch sein Bekenntnis zu Gott gebetet hat . Mit jener Entscheidung ist keine entsagungsvolle Vorbereitung für Gottes Reich gemeint. Nicht ohne Grund wählt die Parabel gerade das Bild des Festes und läßt das Fest schon beginnen. Jede Auslegung, die diesem „jetzt ist die angenehme Zeit" (vgl. 2.Kor.6,2) nicht gerecht wird, hat den Sinn der Parabel verfehlt.

Die Auslegung der Parabel in der Urgemeinde

Die Parabel Jesu ist im Laufe ihrer Überlieferung auf verschiedene Weise ausgelegt worden, und das neue Verständnis des Textes führte vielfach auch zu einer Umgestaltung desselben. Keine dieser Auslegungen, die wir an den verschiedenen Stadien der Textgeschichte ablesen können, vermochte zu erfassen, was für die Parabel Jesu entscheidend war. Der Gegensatz in der Zeitbestimmung zwischen Jesus und seinen Zuhörern, auf dem die Parabel vom großen Abendmahl aufgebaut ist, konnte in der Urgemeinde nicht mehr verstanden werden. Nicht als ob die Urgemeinde den Glauben Jesu fahren gelassen hätte, daß *jetzt* die Zeit des Heils hereinbricht, daß Gott schon vor der Tür steht. Aber sie redete mit anderen Worten davon, als Jesus es getan hatte. Für sie stand im Vordergrund, daß *Jesus* diese Nähe Gottes vollmächtig angesagt hatte. Die Gegenwärtigkeit des Heils lag für sie in der Gewißheit, durch Jesu Tat am Kreuz, durch seinen Tod für die vielen (Mk.10,45; 14,25) dieses Heiles teilhaftig zu werden und zu der vom Auferstandenen berufenen Gemeinde der Heilszeit zu gehören. Von der Gottesherrschaft redete sie dagegen nur als von einer zukünftigen Sache und unterschied sich in diesem *Sprachgebrauch* wenig von dem der Pharisäer. Die Zuspitzung der Parabel auf den Gegensatz in der Zeitbestimmung mußte ihr deshalb entgehen. Statt dessen traten andere Aussagen der Parabel in den Vordergrund .

Irdische Interessen und himmlische Berufung

Ursprünglich war die Parabel als ein Argument gedacht, das die Widerstrebenden überzeugen sollte durch die Kraft der Analogie. Jetzt aber hörte und las man sie als die Weisung des Herrn und Heilandes[i]. Man verstand sie nicht mehr als selbständige Erzählung, die ihren Sinn in sich hatte und gerade mit diesem Sinn auf den tieferen Bedeutungszusammenhang

---
[i] Vgl. o. S. 44.

verwies, sondern horchte sie von vornherein nach einer tieferen Bedeutung ab.

Ein solcher Hörer oder Leser konnte das Entscheidende an der Parabel in dem Gegensatz zwischen den „irdischen Geschäften" und der „himmlischen Berufung" sehen: „So verhalten sich die Menschen, wenn Gottes Ruf sie trifft: Ihre irdischen Geschäfte sind ihnen wichtiger als Gottes Einladung. Aber dann, wenn diese Erde vergeht, wird Gott sie ausschließen von dem einzigen, was bleibt und das sie jetzt so wenig beachtet haben."
Bei solchem Verständnis mußte die Einseitigkeit der gewählten Beispiele auffallen: Es ist ja nicht nur der Besitz, der den Menschen in solcher Weise gefangen nimmt! Aus dieser Überlegung dürfte V. 20 in die Parabel eingefügt sein . Er enthält eine Absage, und dementsprechend hat man damals wohl auch die übrigen Entschuldigungen als Absagen verstanden.

„Die Gäste waren's nicht wert!"

Es konnte aber auch der Blick auf den Gegensatz von Erstberufenen und nachträglich Geladenen fallen. Dann erwies sich die Parabel als Antwort auf eine Frage, die die Gemeinde in jenen Tagen in besonderem Maße bedrängte: Wie konnte es geschehen, daß Israel sich der Predigt der Apostel verschloß, während Heiden das Evangelium vom gekreuzigten und auferstandenen Jesus annahmen? Wurden dadurch nicht jene, die Gott seit alters berufen hatte, vom Heile ausgeschlossen und die, welche Gott einst genannt hatte „nicht mein Volk", traten an die Stelle des auserwählten Volkes[j]?

Als Antwort auf diese Frage verstand der spätere Erzähler die Parabel, dem wir jene Fassung der Erzählung verdanken, die wir bei Matthäus im 22. Kapitel finden, wenn wir von den Versen 6 f. und 10—14 absehen, welche erst nachträglich hinzugefügt worden sind[k]. Die Entschuldigungen

---

[j] Vgl. Röm. 9, 25.

[k] Daß die geladenen Gäste die Einladung mißachten und statt dessen an ihre Arbeit gehen, ist zwar ungewöhnlich, aber nicht undenkbar. Daß die Boten des Königs getötet werden, fällt dagegen völlig aus dem Rahmen der Erzählung heraus. Das gilt noch mehr, wenn der König — dessen Mahl schon bereit ist — erst einen Feldzug veranstaltet, ehe er die Ersatzgäste zur Tafel lädt. Nur als allegorische Erweiterung lassen sich diese Verse verstehen.

Auch die V. 10—14 können nicht ursprünglich zu der Parabel gehören: Woher soll einer, der von der Landstraße hereingeholt wurde, ein hochzeitliches Kleid haben? „Die beliebte Auskunft, es sei Sitte gewesen, den Geladenen ein Festgewand zu schenken (vgl. 2. Kön. 10, 22), scheidet aus, weil eine solche Sitte für die Zeit Jesu nicht belegt ist" (Jeremias, S. 62). Außer der logischen Schwierigkeit weisen auch noch stilistische Beder Geladenen — er fand wohl nur die beiden ersten vor — sah auch er als Absagen an. Er verstand deshalb den ursprünglichen Ablauf der Erzählung nicht mehr und konnte der doppelten Einladung von Lückenbüßern keinen Sinn entnehmen. Er machte sich daran, die Geschichte neu und wirksamer zu erzählen. Dabei dürfen wir nicht an eine bewußte Umgestaltung denken, sondern an einen Vorgang, der in der mündlichen Überlieferung von Erzählungsstoffen geläufig ist: Ein geübter Erzähler pflegt das Überlieferte auf seine Weise zu gestalten, ohne die Absicht zu haben, es zu verändern[1]. Dabei muß es sich natürlich auswirken, wenn er den Vergleichspunkt der Geschichte nicht mehr an derselben Stelle sieht wie ihr Urheber.

Der Gang der Erzählung in der neuen Fassung sieht folgendermaßen aus:

Ein König veranstaltet aus Anlaß der Hochzeit seines Sohnes ein großes Festmahl und lädt viele dazu ein. Aus dem Privatmann ist unter der Hand ein König geworden. Der König war schon in den Gleichnissen der Schriftgelehrten ein beliebtes Schlüsselwort für Gott; das Eindringen der Metapher könnte aber auch noch einen anderen Grund haben: Wenn das Urteil in V. 8 gelten soll, muß die Würdigkeit des Gastgebers außer Zweifel stehen . Ausführlich ist die höfliche doppelte Einladung berichtet, die wir schon bei Lukas fanden . Die Botschaft, mit der die Knechte — es sind mehrere, nicht einer, wie bei einem König nicht anders zu erwarten ist — zur Stunde des Mahles zu den Geladenen geschickt werden, ist noch einladender als bei Lukas gefaßt. Aber während in der ursprünglichen Fassung die Geladenen die Einladung zunächst annehmen, heißt es hier von den Gästen von vornherein: sie wollten nicht kommen. Bei der zweiten Einladung zur Stunde des Mahles zeigen sie ihre Ablehnung so deutlich, daß sie die Boten des Königs einfach stehen lassen und sich ihrer Arbeit zuwenden[m]. Sie denken nicht einmal daran, sich zu entschuldigen. Der Gegensatz zwischen dem Verhalten des Königs und dem seiner Gäste ist kraß herausgearbeitet. Nach dem Vorangegangenen kann niemand dem

---

obachtungen darauf hin, daß diese Verse, die keine Entsprechung im Lukastext haben, erst nachträglich mit der Parabel verbunden wurden.

V. 10 dürfen wir nicht als Schlußvers der Parabel von der königlichen Hochzeit (Mt. 22, 1—9) ansehen: Die Ausführung des Befehls zu erzählen ist nicht stilgemäß, und „Böse und Gute" verweist auf die folgenden Verse. V. 10 (a) ist eine Überleitung, die V. 1—9 mit 11 (bzw. 10 b) bis 14 verknüpft[17].

[1] Siehe Fiebig, Der Erzählungsstil der Evangelien, durchgehend. Im Gegensatz dazu hält sich die Überlieferung von Aussprüchen meist sehr genau an den Wortlaut.

[m] Das Mahl des Königs ist dem griechischen Wortlaut entsprechend nicht als Abendmahl zu denken, sondern als Frühmahl, wie es, einer römischen Sitte entsprechend, vereinzelt auch in jüdischen Kreisen veranstaltet wurde und gegen 12 Uhr mittags stattfand.

Urteil des Königs seine Zustimmung versagen: Die Gäste waren es nicht wert.

Dieses Urteil ist der Brennpunkt der Parabel. Die Unwürdigkeit der Erstgeladenen ist betont, die nachträgliche Ladung als bloße Folge angehängt, die die Bedeutung des Urteils erhellt[n]. Sie ist nicht als Maßnahme gedacht, um die erstgeladenen Gäste auszuschließen, denn mit deren Kommen ist nach allem nicht mehr zu rechnen. Sie haben sich selber ausgeschlossen .

Wie schon gesagt, antwortet die Parabel in dieser Fassung auf die Frage: Warum ist das Evangelium, die Einladung zum Gottesreich, von den Juden, dem auserwählten Volke, weitergegangen an die Heidenvölker? Die Antwort lautet: Sie waren es nicht wert, mit ihrer Ablehnung der Heilsbotschaft haben sie das bewiesen. Es liegt nicht an Gott. Er hat wie der freundliche und höfliche Gastgeber alles getan, was möglich war.

„Sieh wohl zu, daß du bereitet bist!"

Von einem späteren Leser — vermutlich ist es der Evangelist gewesen — wurde die Parabelerzählung als Allegorie gelesen. Ihm schien sie bis in die Einzelheiten transparent für die Geschichte Gottes mit seinem Volke: Schon auf die ersten Boten Gottes — die Propheten — wollte es nicht hören, und als Gott andere Knechte[o] — die Apostel — aussandte mit der Botschaft: „Jetzt ist alles bereit, die Zeit des Heils ist da", erging es diesen nicht besser.

Wer die Parabel auf diese Weise las, für den mußte sie ergänzungsbedürftig erscheinen. Israel hat die Boten Gottes nicht nur gleichgültig stehenlassen, es hat sie auch mißhandelt und getötet (V. 6), und Gott konnte sich das nicht bieten lassen: er sandte Heere aus, brachte die Mörder um und zündete ihre Stadt an (V. 7). Dem Evangelisten, der diese Züge, so gut es möglich war, in die Erzählung einfügte, stand die jüngst geschehene Zerstörung Jerusalems vor Augen, die er nur als Strafgericht Gottes über das Volk verstehen konnte, das seinen Messias gekreuzigt hatte. Bei den nachgeladenen Gästen dachte er an die Heiden, die zum Glauben an Christus kamen. Aber nun mußte sich für ihn die Frage erheben: Ist denn das neue Gottesvolk der Einladung Gottes würdig? Ist die Botschaft des Evangeliums nicht so, daß Gute und Böse ihr Folge leisten (V. 10)? Auch die Kirche ist noch nicht die Gemeinde der auserwählten

---

[n] Vgl. als formale Parallele Mt. 18, 23—34. Auch in dieser Parabel ist der Zielpunkt das Urteil des Königs, und V. 34 zieht nur aus V. 33 die Konsequenz.

[o] Das Wort „andere" in V. 4 ist vermutlich vom Evangelisten eingefügt worden im Zusammenhang mit dieser allegorischen Auslegung der Verse.

Heiligen (V. 14). Auch durch sie wird einst noch die Scheidung hindurchgehen (vgl. Mt. 13, 36—43; 49 f.). Nur wer Gott in Wahrheit gehorsam war, wer das weiße Kleid der Gerechtigkeit trägt, wird dann bestehen können.

Diese Gedanken bringt der Evangelist zum Ausdruck, indem er die Parabelerzählung durch ein anderes Gleichnis ergänzt, das ihm überliefert war: das Gleichnis vom Gast ohne Feiergewand. Der Anfang dieser Parabel mußte bei dieser Verknüpfung wegfallen. Auch ihr Schluß hat einige Veränderungen erlitten, als sie — im Zusammenhang mit der Parabel von der königlichen Hochzeit — als Allegorie gelesen wurde . Der ursprüngliche Text der Parabel könnte etwa folgendermaßen gelautet haben:

> Das Himmelreich ist gleich einem König, der seinem Sohne Hochzeit machte. Und der Hochzeitssaal war voll von Gästen. Als aber der König hineinging, die Gäste zu besehen, fand er dort einen Menschen, der kein hochzeitliches Gewand anhatte und sprach zu ihm: „Mein Lieber, wie konntest du herkommen, ohne ein hochzeitliches Gewand anzuhaben?" Er aber verstummte. Da sprach der König zu den Dienern: „Packt ihn an Händen und Füßen und werft ihn hinaus."

Das „hochzeitliche Kleid", das der König an dem Gast vermißt, ist kein besonderes Festgewand, „sondern es ist ein reingewaschenes Kleid gemeint...; das schmutzige Gewand ist Mißachtung des Gastgebers" . Der Gast, der darin angetroffen wird, verstummt, oder — wie der drastische griechische Ausdruck eigentlich heißt — „ihm ist das Maul gestopft". Es gibt nichts, was er auf diese Frage erwidern könnte. Wir gehen völlig fehl, wenn wir herumrätseln, *warum* der Mann in diesem Aufzug erschienen ist. Es ist nicht nur stilgemäß, daß das Motiv nicht angegeben wird[p], sondern das Fehlen der Motivierung dient hier ausgesprochen der Wirkung der Erzählung und bringt zum Ausdruck, daß es keine Antwort gibt auf diese Frage. Eine Entschuldigung ist ausgeschlossen, das soll durch die Frage des Königs demonstriert werden. Der Hinauswurf muß daraufhin als selbstverständliche Folge erscheinen.

Der Sinn des Gleichnisses ist: „Wenn du zu Gottes Mahl geladen wirst, sieh wohl zu, daß du bereitet bist."

Der Evangelist hat nicht nur diesen Grundgedanken aufgenommen, sondern die Parabel auch in ihren Einzelheiten allegorisch interpretiert: Ein Ausschluß vom Fest des Gottesreiches ist mehr als ein Hinauswurf, er bedeutet ewige Verdammnis. Deshalb verdeutlicht Matthäus, indem er die Sachhälfte in die Bildhälfte eindringen läßt: Der unwürdige Gast wird „in die äußerste Finsternis" hinausgeworfen, wo „Heulen und Zähne-

---

[p] Siehe o. S. 17.

knirschen" ist, also in das ewige Verderben, das der Evangelist mit diesen Worten zu zeichnen pflegt (vgl. Mt. 8, 12; 13, 42. 50; 24, 51; 25, 30) q [21].
Die Allegorie hat in V. 14 eine Anwendung erhalten. Diese Anwendung kann (und will auch wohl) keine *Deutung* der Erzählung sein, „denn die Wahrheit, daß nur eine kleine Schar gerettet wird, ist weder Mt. 22, 1—10 (der Saal wird ja voll!) noch 22, 11—13 (nur *ein* Unwürdiger wird ja entfernt!) ausgeführt" [24]. Wir werden diese Anwendung wohl als ein Stück Predigt verstehen müssen, als eine gewissenschärfende Warnung, die zu der Allegorie hinzugefügt wurde, um etwas zu ergänzen, das im Bilde nicht zum Ausdruck kam.

7. DIE EINMALIGE GELEGENHEIT
(Mt. 13, 44—46)

Die Parabeln vom „Schatz im Acker" und der „köstlichen Perle" sind einander so ähnlich, daß wir sie am besten gemeinsam besprechen [1].

„Das Himmelreich ist gleich ..."

Beide Parabeln haben dieselbe Einleitung: „Das Himmelreich ist gleich ...". Himmelreich — so sagte der Jude zur Zeit Jesu, wenn er die Gottesherrschaft meinte. Man scheute sich, den hochheiligen Gottesnamen auszusprechen, und griff deshalb zu solchen Umschreibungen [a].

Mancher wird sich vielleicht wundern, daß das Himmelreich im ersten Gleichnis dem Schatz, im zweiten aber — nicht der Perle, sondern — dem Perlenkaufmann verglichen wird. Diese Unstimmigkeit macht darauf aufmerksam, wie es sich mit solchen Gleichniseinleitungen verhält. Sie sind unbestimmt und dürfen nicht wörtlich genommen werden. Sie wollen nicht sagen, daß das Himmelreich einem Schatz oder einem Perlenkaufmann gleicht; käme es nur auf diesen direkten Vergleich an, wäre ja auch die ganze weitere Geschichte überflüssig. Sie sind vielmehr Abkürzungen für eine ausführlichere Aussage: Mit der Gottesherrschaft verhält es sich wie mit der folgenden Geschichte von einem Schatz ... bzw. einem Kaufmann [b].

---

q „Heulen und Zähneknirschen ist ... Bild für die Verzweiflung, und zwar stets für die Verzweiflung über das durch eigene Schuld verscherzte Heil" (Jeremias, S. 104).

[a] Zum Sinn des Wortes ‚Gottesherrschaft' siehe o. S. 39 ff., u. S. 99 f.

[b] Vgl. o. S. 19 f.

„... *ein Schatz, der in einem Acker verborgen war* ..."

Einen vergrabenen Schatz zu finden, das war der große Glückszufall, um den im Altertum alle Vorstellungen und Wünsche kreisten, die sich heute an den Fünfhunderttausender im Toto und Lotto hängen oder an das sogenannte „Große Los". Natürlich kam solch ein Glücksfund nur selten vor, aber die Möglichkeit war nicht ausgeschlossen. Es gab ja noch keine Sparkassen, und Vergraben galt als der sicherste Schutz gegen Diebe; außerdem war es das einzige Mittel, um in den häufigen Kriegswirren der Plünderung zu entgehen. Kam der Besitzer um, ehe er seinen Erben das Versteck mitteilen konnte, dann lag der Schatz verborgen und vergessen in der Erde und wartete auf den glücklichen Finder. In unserem Gleichnis soll es ein Tagelöhner sein: er arbeitet auf fremdem Acker und ist so arm, daß er alle seine Habe verkaufen muß, wenn er das Feld erwerben will[2].

Die Hörer Jesu werden sich wahrscheinlich vorgestellt haben, daß der Finder beim Pflügen auf den Topf oder Kasten mit Gold- und Silbermünzen gestoßen ist, dadurch, daß die Pflugschar im Boden Widerstand fand. Möglicherweise wurden ihre Vorstellungen aber auch durch eine bekannte Geschichte von einem Rabbi, einem jüdischen Schriftgelehrten, geleitet, dessen Kuh beim Pflügen einsank und sich ein Bein brach, und der einen großen Schatz entdeckte, als er sich daran machte, ihr herauszuhelfen[3].

Der Finder läßt den Schatz einstweilen im Acker; erst als Eigentümer des Ackers kann er ihn heben, ohne daß ihm jemand den Besitz streitig machen kann[4]. Alle Bemühungen, das Verhalten des Schatzfinders moralisch zu bewerten oder an der Rechtslage zu messen, sind müßig. Daß es moralisch nicht hundertprozentig einwandfrei ist, spielt ebensowenig eine Rolle wie die Frage, ob der Finder „formalrechtlich korrekt handelt"[5] oder nicht. Es ist Regie des Erzählers, daß der Finder den Schatz nicht einfach an sich nimmt, sondern wieder eingräbt, um ihn zusammen mit dem Acker zu erwerben. Nur so kann bei diesem Stoff der Vergleichspunkt herauskommen, auf den es der Erzähler bei der Parabel abgesehen hat (s. u.).

„... *eine überaus köstliche Perle* ..."

Das zweite Gleichnis handelt von einem Kaufmann, der auf der Suche nach schönen Perlen ist[c]. Das griechische Wort verrät uns, daß es sich um

---

[c] Die Perle spielte im Luxus der alten Welt etwa die Rolle, wie heute der Diamant (Jülicher). Sie war sprichwörtlich geworden für einen Höchstwert.

einen Großkaufmann, einen Kauffahrer handelt, nicht um einen kleinen Krämer . Er wird die Perlen bei den Perlenfischern zu kaufen suchen . Auch für ihn ist es der große Glücksfall, daß er eine überaus köstliche[d] Perle findet. Er ist zwar — in Ausübung seines Berufes — auf der „Suche" nach Perlen; aber die überaus kostbare Perle hat er nicht gesucht; sie fällt ihm zu[e]. Selbst wenn er alle seine Habe verkauft, wird er nicht ihren wirklichen Wert bezahlen, sondern nur den Preis, zu dem der jetzige Besitzer bereit ist, sie herauszugeben .

Natürlich werden Jesu Hörer sich nicht vorgestellt haben, daß der Kaufmann die Perle behält, um fortan mit diesem Besitz Hunger zu leiden, sondern vielmehr, daß er sie mit einem überreichen Gewinn verkaufen wird . Solch ein Verhalten: alles daran setzen um eines besonderen Gewinnes willen, kommt doch im Geschäftsleben wirklich vor.

„... verkaufte alles, was er hatte und kaufte ..."

Der Vergleichspunkt der beiden Gleichnisse[f] liegt in dem Verhalten der glücklichen Finder[g]. Dieses Verhalten ist so sehr durch die besondere Situation bestimmt, daß man es nicht zutreffend charakterisieren kann, ohne zugleich den Hauptmerkmalen dieser Situation: dem zufälligen Ereignis des Findens und dem Wert des Gefundenen, der dem Finden erst seine Bedeutsamkeit verleiht, Rechnung zu tragen. Soll die Formulierung des Vergleichspunktes nicht zu einer vollständigen Wiedergabe der Parabeln ausarten, dann müssen wir versuchen, das in den Gleichnissen gezeigte Phänomen genau zu erfassen und treffend zu bezeichnen.

Was tun die glücklichen Finder? Sie *kaufen*. Die Aussage „er ... verkaufte alles, was er hatte" nennt eigentlich keine selbständige Handlung, sondern bezeichnet die Höhe des Kaufpreises in der anschaulichen Weise volkstümlicher Erzählung. Weithin wird das Verhalten des Perlenkaufmanns und des Schatzfinders als Opfer aufgefaßt. Aber diese Männer

---

[d] So muß übersetzt werden. Die Übersetzung im Luthertext: *eine* köstliche Perle — beruht darauf, daß eine semitische Redeweise nicht erkannt ist, die der griechischen Formulierung zugrunde liegt (vgl. Jeremias, S. 198).

[e] Die Gleichnisse unterscheiden sich also nicht nach Art und Weise des Findens: ungesucht / nach langem, mühevollen Suchen. Es liegt jedoch das Gegensatzpaar arm / reich vor (siehe Jeremias, S. 199).

[f] Vgl. o. S. 26.

[g] Sollte der *Wert* des Gefundenen oder das *Ereignis* des Findens der Vergleichspunkt sein, dann würden die Gleichnisse das Verhalten der Finder gar nicht erwähnen. Sie geben ihm aber den betonten Platz am Schluß [10]. Der Wert des Gefundenen kann auch deshalb nicht der Vergleichspunkt sein, weil für die Hörer Jesu „die Königsherrschaft Gottes der große Gegenstand der Hoffnung und des Gebetes" war, so daß sie es „nicht nötig hatten, seines Wertes versichert zu werden" (Dodd, S. 85).

opfern nicht, sondern zahlen einen Kaufpreis. Zwischen einem Kaufpreis und einem Opfer besteht ein grundlegender Unterschied: Kauf ist ausgerichtet auf den Empfang des Gegenwertes. Opfer ist dagegen Hingabe, die keinen Lohn erwartet. Sein Gewinn besteht allein darin, daß es dem zugute kommt, wofür es dargebracht wurde. Dann „hat es sich gelohnt"; andernfalls war es „sinnlos" [h].

Der Kauf der Finder hat aber eine besondere Eigenart. Er ist gleichsam ein Grenzfall dessen, was kaufen heißt: es handelt sich um die „einmalige Gelegenheit". Nur ein Narr könnte hoffen, ein zweites Mal in seinem Leben solch einen Schatz zu finden, und wenn es auch alle Tage schöne Perlen gibt — eine überaus kostbare findet sich so schnell nicht wieder —, es ist ja gerade ihre Seltenheit, die ihren Wert ausmacht. Wer da nicht zugreift, ist ein Narr, dem selbst dann, wenn es Brei regnet, noch der Löffel fehlt. In dieser Lage ist man in der Tat bereit, bedenkenlos *alles* einzusetzen, wenn es nötig ist.

Es liegt an der Regie des Erzählers, wenn die Parabeln so verlaufen, daß die glücklichen Finder *es nötig haben*, alles zu verkaufen, um in den Besitz des Schatzes bzw. der Perle zu gelangen. Das folgt nämlich keineswegs aus dem Wert des Gefundenen, wie vielfach gesagt wird . Der Schatz könnte unausdenkbar wertvoll sein — wenn ein Mensch ihn auf seinem eigenen Grund und Boden finden würde, brauchte er keinen Pfennig zu bezahlen. Und einerlei, welchen Wert die kostbare Perle hat, niemals wird der geforderte Preis an die Grenze *jedes* Vermögens gehen. Daß der Kaufmann sie nur unter der Bedingung erwerben kann, daß er alle seine Habe drangibt, ist vom Erzähler so eingerichtet. Er setzt dem Vermögen des Kaufmanns diese Grenze, er läßt den Finder den Schatz in einem fremden Acker entdecken und so arm sein, daß der Kauf des *Ackers* (nicht des Schatzes!) seine ganze Habe verschlingt. Ihm kommt es demnach auf das „alles verkaufen", auf diesen ganzen Einsatz an . Wir können nunmehr den Vergleichspunkt formulieren als den *ganzen Einsatz angesichts einer einmaligen Gelegenheit*.

[h] Vgl. Fuchs, ZThK 56 (1959), Beiheft 1, S. 40: „Von einem Opfer ist nicht die Rede! Der Gewinn entspricht vielmehr dem Einsatz und übertrifft ihn sogar beträchtlich." Ähnlich Jüngel , S. 143.

Daß sich der Gedanke des Opfers in der Auslegung dieser Gleichnisse so sehr einbürgern konnte, muß wohl seinen Grund darin haben, daß man den Schatz im Acker bzw. die köstliche Perle nach der Weise allegorischer Auslegung mit der Gottesherrschaft identifizierte. Die Gottesherrschaft kann man nicht kaufen — ihr wäre nur ein Opfer angemessen. Dem ersten methodischen Fehler mußte man deshalb zwangsläufig den zweiten folgen lassen: man schloß von der (vermeintlichen) Sachhälfte auf die Bildhälfte zurück, anstatt sich die Frage nach der Sachhälfte durch die sorgfältige Beobachtung des in der Bildhälfte gezeigten Phänomens beantworten zu lassen [11].

Die einmalige Gelegenheit

Der ganze Einsatz angesichts einer einmaligen Gelegenheit, das ist der „Angelpunkt", der „Bildhälfte" und „Sachhälfte"[i] miteinander verbindet. Wenn wir von den Parabeln auf die historische Situation zurückschließen, in der sie erzählt wurden, dann dürfen wir sagen: *Einen derart entschlossenen und ganzen Einsatz hält Jesus für erforderlich und eine solche einmalige Gelegenheit für gegeben.* Auch in der Sachhälfte müssen der ganze Einsatz und die einmalige Gelegenheit, die dadurch wahrgenommen wird, beieinander sein, wenn die Gleichnisse schlüssig sein sollen. Das Verhalten der glücklichen Finder wäre sonst nicht vergleichbar, und die Parabeln redeten an der Sache vorbei. Mit den Parabeln will Jesus ins rechte Licht stellen, was nach seinem Urteil die Lage erfordert. Seine Hörer sollen die Situation erkennen als die einmalige Gelegenheit, die sich ihnen bietet, und ihr Verhalten danach einrichten.

Die Einleitungsformel der Gleichnisse: „Das Himmelreich ist gleich..." läßt uns wissen, worin diese „einmalige Gelegenheit" besteht: Jesus verkündigt, daß das „Himmelreich nahe herbeigekommen" sei (Mk. 1,15), daß der Augenblick herangekommen sei, dem das ganze Volk Israel entgegenwartete, und Gott aus seiner Verborgenheit herausträte und es offenbar würde, daß er allein es ist, der die Herrschaft über die Welt innehat, dem die Weltreiche und ihre Könige ebenso unterworfen sind wie der Tod und alle anderen Verderbensmächte. Aber Jesus hatte sich nicht wie einige seiner Zeitgenossen, die Apokalyptiker, einen Termin ausgerechnet und machte keine Mitteilung, wann sich in naher oder nächster Zukunft diese Offenbarung Gottes ereignen würde. Wenn Gott vor der Tür stand[j], dann kam es nicht darauf an, Bescheid zu wissen, sondern sich bereit zu machen, umzukehren, Buße zu tun.

Aber Gottes Nähe bestimmt die Gegenwart nicht nur als Forderung, sie reicht selber schon in die Gegenwart hinein. Der Satan, der Herrscher ‚dieser Welt', ist schon aus dem Himmel gestürzt worden (Lk.10,18). Die Macht der Dämonen ist gebrochen, sie müssen vor der Nähe Gottes weichen (Mt.12,28; Mk.3,27). Jetzt ist die Zeit, wo die Heilsweissagungen in Erfüllung gehen (Mt.11,5f.). Es ist Hochzeitszeit, Freudenzeit (Mk. 2,18f.). „Heil den Augen, die sehen, was ihr seht [und den Ohren, die hören, was ihr hört!]" kann Jesus seinen Hörern zurufen (Lk.10,23f.). Diese Nähe Gottes kann nicht einfach „zur Kenntnis genommen" werden.

---

[i] Vgl. o. S.26f.

[j] Das ist — nach einer mündlichen Mitteilung von Herrn Prof. Jeremias — die Bedeutung der Formulierung ‚das Himmelreich ist nahe herbeigekommen' (Mk.1,15), wenn man auf den aramäischen Grundtext zurückgeht.

Jesus muß sagen: „Heil dem, der sich nicht an mir ärgert" (Mt. 11,6), und es gab wahrlich Grund genug, an der Botschaft Jesu Anstoß zu nehmen: Man erwartete doch die Umkehrung aller Verhältnisse — und jetzt sollte das Entscheidende schon geschehen sein, so daß nur noch die Umkehr nötig war?

Gewiß, auch Jesu Erwartung richtete sich auf die Zukunft. Er erwartete die Auferstehung der Toten und das zukünftige Gericht und die Zeit, in der diejenigen in das Gottesreich eingehen würden, denen Gott es bereitet hat: die Armen, die nach Gerechtigkeit Hungernden, die Friedensstifter, jene, die wie Kinder geworden waren (Mt.5,3—9; 18,3). Doch bei ihm lag zwischen Gegenwart und Zukunft kein grundlegender Unterschied mehr, sie gehörten zusammen. Dann konnte man aber nicht einfach warten, bis die Nähe Gottes in der Umkehrung aller Verhältnisse sichtbar geworden war, so daß sie sich zur Kenntnis nehmen ließ, sondern es kam darauf an, diese Nähe Gottes schon wahr-zu-nehmen, und die Umkehr, die Jesus forderte, bedeutete nichts anderes als dies[k].

Entschlossener Einsatz

Die Nähe der Gottesherrschaft — das ist die „einmalige Gelegenheit", auf welche diese Parabeln Jesu anspielen . Was aber ist der ganze Einsatz, durch den diese Gelegenheit wahrgenommen werden soll?

Wenngleich uns die Gleichnisse mit dem „verkaufte alles, was er hatte" an die Geschichte vom „reichen Jüngling" erinnern, dürfen wir nicht den Schluß ziehen, daß der Verkauf aller Habe gemeint sei. Wirklichkeit und Gleichnis müssen zwar vergleichbar, aber sie brauchen nicht gleich zu sein .

Redet Jesus von der Jüngerschaft, von der Nachfolge ? In den Jesusworten, die davon sprechen, ist gleichfalls vom ganzen Einsatz die Rede: „Wer nicht sein Kreuz trägt und mir nachfolgt, kann nicht mein Jünger sein" (Lk. 14,27). „Wer zu mir kommt und nicht haßt seinen Vater und

---

[k] Vgl. o. S. 39 ff. und Bornkamm, Jesus, S. 48 f.: Die Zukunfts- und Gegenwartsaussagen sind „in der Verkündigung Jesu engstens aufeinander bezogen ... Niemals wird von dem schon gegenwärtigen Anbruch der Gottesherrschaft gesprochen als so, daß die Gegenwart die Zukunft als Heil und Gericht eröffnet und also nicht vorwegnimmt. Niemals wird aber auch von der Zukunft anders gesprochen als so, daß sie die Gegenwart erschließt und erhellt und also das Heute als den Tag der Entscheidung sichtbar werden läßt ... Die Zukunft Gottes ist *Heil* dem, der das *Jetzt* als Gegenwart Gottes und als Stunde des Heiles ergreift. Die Zukunft Gottes ist *Gericht* dem, der das Heute Gottes nicht annimmt und an seine eigene Gegenwart, an seine eigene Vergangenheit und auch an die eigenen Träume der Zukunft sich klammert ... In dieser Annahme der Gegenwart als Gegenwart Gottes sind, wie wir uns deutlich zu machen versuchten, Begnadigung und Umkehr im Jesu Wort eins."

seine Mutter und sein Weib und seine Kinder und seine Brüder und Schwestern und sein eigenes Leben, der kann nicht mein Jünger sein" (Lk. 14, 26). „Wer die Hand an den Pflug legt und sieht zurück, der ist nicht geschickt zum Reiche Gottes" (Lk. 9, 62). „Folge mir nach und laß die Toten ihre Toten begraben" (Mt. 8, 22).

Aber keines dieser Worte hilft uns weiter. Sie lehren uns zwar den Ernst der Forderung erkennen, aber sie machen nicht deutlich, was denn eigentlich gefordert sei. Was heißt das: Die Hand an den Pflug legen? Was für ein Kreuz gilt es zu tragen? Wo ist es nötig, selbst Vater und Mutter um der Jüngerschaft willen zurückzustellen? Ist es das, was Jakobus und Johannes taten, die ihren Vater bei den Netzen ließen und hinter Jesus hergingen? Aber was hat diese buchstäbliche Nachfolge, das Hinter-Jesus-herwandern auf den Landstraßen Palästinas mit der Gottesherrschaft zu tun? Wie nimmt man dadurch die einmalige Gelegenheit ihrer Nähe wahr? Das bleibt uns verborgen. Die Texte bleiben Chiffren, deren Bedeutung wir nicht entziffern können.

Das Geheimnis der Parabeln

Was die Texte sagen wollen, kommt nicht zur Sprache ohne den konkreten Bezug, auf den sie gemünzt sind. Nur wenn das Wort zusammenkommt mit der Situation, in die es gehört, wird es verständlich und das Rätsel löst sich.

Soll das heißen, daß der Sinn der Parabeln vom Schatz im Acker und der köstlichen Perle uns nicht erkennbar ist, weil wir nicht ermitteln können, in welcher Situation Jesus sie gesprochen hat? Keineswegs! Vielmehr muß man sehen, daß es uns verhältnismäßig wenig nützen würde, wenn uns der konkrete Bezug dieser Gleichnisse bekannt wäre. In seiner Konkretheit ist er einmalig, nicht identisch mit unserer Situation. Wir müßten in jedem Falle übersetzen. Was aber zu dieser Übersetzung des Wortes Jesu für uns nötig ist, geben uns die Texte auch so an die Hand.

Damit ist nicht gesagt, daß diese Übersetzung für uns ein jederzeit durchführbares Unternehmen sei. Der Schlüssel zu dem Sinn der Gleichnisse kann uns nur durch unsere eigene geschichtliche Situation zugespielt werden. Wir haben ihn dann, wenn das, was in den Parabeln beieinander ist und zusammenwirkt, auch bei uns zu finden ist: Die Möglichkeit, uns ganz einzusetzen, weil das, was uns mehr wert ist als alles andere, verheißungsvoll in unsere Nähe gekommen ist und den ganzen Einsatz von uns fordert.

Aber gilt diese Zeitansage Jesu: daß Gott *jetzt* nahe ist, nicht auch heute noch? Ist es nicht der Glaube der Christenheit, daß Gott sich durch die Auferweckung zu diesem Jesus und seiner Zeitansage bekannt hat, so daß Paulus verkündigen konnte: „*Jetzt* ist die angenehme Zeit!" (2.Kor. 6,2) und wir Sonntag für Sonntag im Gottesdienst singen: „daß nun und nimmermehr uns rühren kann kein Schade"?

Nun scheint uns aber die Zeitansage allein noch nicht zu helfen. Sie macht uns nicht zu dem ganzen Einsatz frei. Offenbar ist es nötig, daß eine Ortsansage dazukommt, die uns sagt, *wo* wir mit Gottes Nähe rechnen dürfen.

Jesus hat auch die Ortsansage gemacht: Er hat die heilsame Nähe Gottes in Anspruch genommen bei denen und für die, die Gott nötig hatten: Er hat Gottes Kommen erwartet bei den Besessenen, bei den Kranken, bei den Armen, bei den Sündern.

Diese Ortsansage hat sowenig wie die Zeitansage ihre Gültigkeit verloren. Aber sie gilt nur konkret. Andernfalls verliert sie ihren ursprünglichen Sinn. Als lehr- und lernbare Aussage über das, was ist und gilt, hat sie mit dem Worte Jesu nichts mehr zu tun. Weil die Ortsansage nur konkret gilt, muß sie wiederholt werden. Jesu Worte und Taten geben uns Anweisung für diese Wiederholung, aber diese muß — im Namen Jesu — durch uns selber geschehen[1].

Die In-Anspruchnahme der heilsamen Nähe Gottes fordert in der Tat den ganzen Einsatz, wenn sie konkret gemacht wird. Es ist z.B. vielleicht nicht schwer, im Allgemeinen zu sagen, daß Gott Sünden vergibt. Aber meinem Nächsten im Namen Gottes zuzusprechen: Dir ist deine Sünde vergeben — das läßt sich nur mit dem Ernste solcher Verantwortung tun, daß man bereit ist, notfalls dafür zu sterben. (Jesus hat diese In-Anspruchnahme der Nähe Gottes das Kreuz eingebracht!)

Wir haben es mit einem Zirkel zu tun: die konkrete In-Anspruchnahme der heilsamen Nähe Gottes fordert den ganzen Einsatz — und nur da, wo sie den ganzen Einsatz fordert, kann und darf sie geltend gemacht werden.

Deshalb *bleibt* die Frage, wo und wann wir sie im Namen Jesu vollziehen dürfen: die Frage, wozu wir Vollmacht haben. Aber diese Frage bleibt nicht einfach offen. Vielmehr treibt uns der Glaube an Jesus mit aller Kraft in sie hinein und macht sie zu einer solchen, auf die wir täglich Antwort erwarten. Denn der Glaube an Jesus bedeutet doch, an der Ver-

---

[1] Das bedeutet keine imitatio Christi! Jesus wird damit keinesfalls zum Lehrer gemacht! Solches Tun kann nämlich nur gewagt werden im Vertrauen darauf, daß wir dabei Jesus an unserer Seite haben als den, der für uns eintritt, und daß Jesu Tun und Wollen Gott wohlgefällt!

heißung dieser Nähe Gottes festzuhalten. Ohne Jesus könnte diese Frage nicht gestellt werden. Er bringt uns dazu, auf das Kommen Gottes zu warten, und zwar so zu warten, daß wir bitten, Gott möge uns die Augen öffnen, damit wir seine Nähe nicht schuldhaft versäumen.

8. DIE PARABEL VOM SCHALKSKNECHT
(Mt. 18, 21—35)

Der Rahmen der Parabel

Die Parabel vom Schalksknecht wird uns von Matthäus im 18. Kapitel überliefert. Auf den ersten Blick scheint sie die Antwort auf die Petrusfrage V. 21 zu sein. Aber diese Frage hat ja in V. 22 schon ihre Antwort gefunden, und die Parabel ist mit „darum" nur locker an das im Thema verwandte Jesuswort angehängt . Bei Lukas fehlt sie an der entsprechenden Stelle. Überdies entspricht das Jesuswort nicht dem Vergleichspunkt der Parabel: Von wiederholtem Vergeben ist in dieser keine Rede. Die Parabel ist also ein selbständiges Traditionsstück und wurde erst vom Evangelisten Matthäus in diesen Zusammenhang gestellt .
Wir müssen uns auch freimachen von dem Gedanken, daß V. 21 die Situation angibt, in der Jesus das Gleichnis erzählt hat. Diese kleine Szene ist nämlich vom Evangelisten gestellt. Um das zu verstehen, müssen wir uns ein wenig mit seiner Arbeitsweise vertraut machen. Wir wissen ja, daß ihm die Jesusüberlieferung in verschiedenen Quellen vorlag: Dem Markusevangelium, das ihm vor allem die Jesusgeschichten bot, und der Spruchquelle, die die Worte Jesu enthielt. Außerdem waren ihm noch verschiedene Einzelstücke in die Hände gekommen, das sogenannte Sondergut, zu dem unser Gleichnis gehört. Diese verschiedenen Überlieferungsstränge hat er in seinem Evangelium verbunden und sich sorgfältige Gedanken darüber gemacht, wie es am besten geschehen könne. Im 18. Kapitel hat er z. B. eine Reihe von Traditionsstücken so zusammengestellt, daß eine Gemeindeordnung entstand. „Zu derselben Stunde traten die Jünger zu Jesus", heißt es in 18, 1: Aus dem Worte Jesu erwartet die Gemeinde Belehrung. Die Frage von groß und klein wird verhandelt und wie man sich zu den Kleinen und Schwachen verhalten soll. Am Gleichnis vom verlorenen Schaf wird die rechte Einstellung gezeigt zu einem Gemeindeglied, das in Sünde gefallen ist, und die V. 15—17 erörtern im einzelnen, wie jedermann sich eines solchen annehmen soll. V. 18—20 verheißt der Ge-

meinde die Vollmacht zu solchem Tun. Die V. 22—35 schärfen ein, daß dieses Tun im Zeichen der Bereitschaft zu grenzenloser Vergebung stehen muß und daß jeden, der es an dieser Bereitschaft fehlen läßt, unerbittlich das Gericht treffen wird.

Ein durchgehender Zusammenhang ließ sich aus den überlieferten Einzelstücken natürlich nur herstellen, wenn Matthäus mit einer gewissen Freiheit mit ihnen verfuhr. In V. 15 nimmt er z. B. ein Wort auf, das Lukas in 17, 3 f. wiedergibt. Weil es ihm darauf ankommt, die allgemeine Anweisung von Lk. 17, 3 — völlig sinngemäß — durch Einzelbestimmungen zu ergänzen, muß er den Vers, der Lk. 17, 4 entspricht, zunächst zurückstellen. Auch nach V. 17 kann er ihn noch nicht brauchen; da er sich aber an V. 20 unmöglich einfach anhängen ließ, hat er durch die Petrusfrage eine Einleitung für ihn geschaffen. Petrus muß gleichsam Jesus für seinen Ausspruch das Stichwort geben[a].

Nur aus dieser Notwendigkeit des Evangelienaufbaus ist die merkwürdige Petrusfrage zu verstehen. Denn wie könnte man danach trachten, so von vornherein, gleichsam theoretisch festzulegen, wie oft man vergeben soll! Man dürfte gar nicht mehr von Vergebung reden, wenn man dabei abzählen würde, ob es das vierte, fünfte oder gar schon das siebente Mal ist, sondern würde die Sünde nur aufsparen, um sie dann, wenn die Summe erreicht ist, doch noch zu strafen[b].

Das Wort Jesu V. 22 will sagen, daß die Vergebung keine Grenze haben soll. So oft sich unser Bruder gegen uns vergangen hat, so oft soll er unsere Vergebung erfahren. Wenn bei Matthäus siebenundsiebzigmal steht und bei Lukas siebenmal an einem Tage, so ist das sachlich kein Unterschied. Beide Zahlen bedeuten dasselbe: unbegrenzt oft. Es sind „runde" Zahlen, die das Zählen ausschließen. Vermutlich ist es Matthäus gewesen, der das Zahlenverhältnis siebenmal — siebenundsiebzigmal in das Wort Jesu eingeführt hat. Er konnte diese Gegenüberstellung für seine kleine Szene gut gebrauchen, und außerdem kam auf diese Weise eine feine Anspielung auf das Alte Testament zustande, wie dieser Evangelist sie liebt. Jeder seiner bibelkundigen Leser mußte sich erinnern, daß das gleiche Zahlenverhältnis 1. Mos. 4, 24 zu lesen war. Dort heißt es: „Denn wird Kain

---

[a] Vgl. o. S. 45 f.

[b] Siehe Schlatter, Erläuterungen zum NT, S. 209.

Man hat die merkwürdige Frage des Petrus aus einer Vorschrift der Schriftgelehrten zur Zeit Jesu erklären wollen, daß der Mensch nur dreimal demselben Beleidiger vergeben müsse, und in der Frage des Petrus die Bereitschaft gesehen, diese Zahl weit zu überschreiten. Aber eine derartige unnatürliche Vorschrift hat es nie gegeben; der Gedanke entstand dadurch, daß eine Stelle der rabbinischen Überlieferung mißverstanden worden ist, ein Irrtum, der mittlerweile von Fachleuten berichtigt wurde[c].

siebenmal gerächt, so Lamech siebenundsiebzigmal." c Was im Alten Testament von der Blutrache galt, soll jetzt, im Neuen Bund, von der Vergebung gelten .

Da der Zusammenhang des Gleichnisses mit V. 21 f. nicht ursprünglich ist, dürfen wir uns nicht an diese Verse halten bei der Frage, was Jesus mit dem Gleichnis seinen Zuhörern sagen wollte. Die Einsicht, daß die kleine Szene V. 21 vom Evangelisten gestellt ist, verbietet uns auch die selbstverständliche Annahme, daß das Gleichnis zu den Jüngern gesagt wurde. Da sich in der Überlieferung der Gleichnisse die Tendenz wahrnehmen läßt, Gleichnisse, die ursprünglich an einen anderen Hörerkreis gerichtet waren, zu Jüngergleichnissen zu machen, weil die Gemeinde die Worte ihres Herrn nunmehr auf sich bezog d, werden wir eher das Gegenteil vermuten .

Die Anwendung e in V. 35 gehört ebenfalls nicht ursprünglich zum Gleichnis, sondern ist eine Auslegung, die der Evangelist Matthäus an dasselbe angehängt hat . Sie trifft den Sinn des Gleichnisses nicht ganz, weil sie V. 34 zu seinem Vergleichspunkt macht (s. u.) und das Gleichnis als eine Drohung erscheinen läßt, was es eigentlich nicht ist. Da wir vor allem daran interessiert sind, das Gleichnis als Wort Jesu zu verstehen, müssen wir darauf verzichten zu zeigen, welche verständlichen Gründe Matthäus zu seiner Auslegung geführt haben.

Auch die Einleitungsformel f geht vermutlich auf Matthäus zurück. Er hat eine Vorliebe für diese formelhafte Wendung und gebrauchte sie auch da, wo sie bei Lukas fehlt (vgl. Mt. 22, 2 mit Lk. 14, 16). Sicheres läßt sich bei einem Stück des Sondergutes natürlich nicht sagen.

Die Parabelerzählung

Das Gleichnis handelt von einem Könige , der mit seinen Knechten Abrechnung halten will, von einem sehr souveränen Herrscher, der solch einen Tag der Abrechnung festsetzen kann, wann es ihm gefällt. Natürlich wußten die Zuhörer Jesu, daß es sich bei den „Knechten" des Königs nicht um Sklaven handelte, obwohl das gleiche Wort gebraucht wurde, mit dem man sonst den Sklaven bezeichnete. Die Stellung der Großen eines orientalischen Königs, der Statthalter und hohen Beamten, war nicht

---

c Der Luthertext liest siebzig mal siebenmal. Das ist unrichtige Übersetzung, bedeutet aber sachlich keinen Unterschied.
d Vgl. o. S. 44 f. und Jeremias, S. 29–39.
e Vgl. o. S. 20 f.
f Vgl. o. S. 19 f.

viel anders als die Stellung eines Sklaven vor seinem Herrn: Sie waren ihm bedingungslos unterworfen, mußten alles von ihm befürchten und konnten alles von ihm erwarten . Für Israel traf das zwar nicht ganz zu, aber man hatte ja jahrhundertelang zwischen den Großreichen gelebt, unter Ägyptern, Babyloniern, Assyrern, Syrern und Persern, um solche Verhältnisse, wie sie das Gleichnis voraussetzt, vom Hörensagen zu kennen .

Den großen Schuldner werden sich die Hörer Jesu als einen Statthalter vorgestellt haben . Ungeheuer groß ist die Steuersumme, die er abzuliefern hat: 10000 Talente. Ein Talent, das waren 10000 Denare, und ein Denar hatte etwa den Wert von 80 Pfennigen [g]. Es handelt sich also um eine Millionensumme! Wenn man bedenkt, daß die Jahreseinkünfte Herodes des Großen nicht mehr als 900 Talente betrugen und ganz Galiläa und Peräa im Jahre 4 v. Chr. nur 200 Talente Steuern aufbrachten, muß diese Summe phantastisch anmuten. Aber das braucht nicht zu verwundern: Die Erzählung spielt in einem Bereich, wo ungeheuer große Zahlen denkbar sind: Bei Königen und Fürsten. Sowenig die Hörer und der Erzähler in dieser Sphäre vertraut gewesen sind, sowenig konnte die gewählte Zahl realen Charakter tragen. Wer vielleicht 10 oder 20 Denare sein eigen nennt, für den sind 200, 2000 oder 10000 Talente eine gleicherweise märchenhafte Summe. In solchem Falle pflegt man sich an die höchste denkbare Zahl zu halten, die die Bedeutung gewinnt: Unendlich viel. „10000 ist die größte Zahl, mit der man rechnet, das Talent die größte Geldeinheit im ganzen vorderasiatischen Raum."

Der Statthalter ist zahlungsunfähig, und der König befiehlt daraufhin, ihn, seine Frau und seine Kinder und alles, was er hat, zu verkaufen, um sich so gut es geht schadlos zu halten [h]. Daß auch der Verkauf der ganzen Familie die Schuld nicht decken konnte, verstand sich von selbst, „da der Sklavenpreis im Durchschnitt ca. 500—2000 Denare betrug" [i].

---

[g] Andere geben die Summe mit 40 Millionen an, was auch möglich ist, da der Wert des Talentes schwankte. Unserer Angabe liegt die Berechnung zugrunde, wie sie Jeremias (S. 208) mitteilt. Die Wertangabe für den Denar gibt Klostermann (S. 153).

[h] Die Parabel setzt außerjüdische Rechtsverhältnisse voraus, die den Hörern Jesu vermutlich vom Hörensagen bekannt waren:
a) der Verkauf der Ehefrau (Mt. 18, 25) war nach jüdischem Recht verboten. Nur mit seiner eigenen Person und mit seinen Kindern mußte der Mann haften;
b) das Institut der Schuldknechtschaft (Mt. 18, 30) gab es in Israel nicht;
c) die Folterung (Mt. 18, 34) war nach jüdischem Recht nicht erlaubt
(siehe Jeremias, S. 208 f.).

[i] Jeremias, S. 209. Dennoch möchte ich gegen Jeremias das Vorgehen des Königs nicht als Ausdruck seines Zornes verstehen, weil das Gleichnis nicht dazu nötigt und dadurch verdeckt würde, daß der König veranlaßt, was damals rechtmäßig üblich war, so daß sich nicht Zorn und Gnade, sondern Recht und Gnade gegenüberstehen.

Der Statthalter wirft sich vor dem König in den Staub, um durch diese Demütigung den Großmut des Königs zu wecken und einen Zahlungsaufschub zu erlangen [j]. „Er verspricht, das Geld herauszuwirtschaften." Wenn er verspricht, *alles* zu bezahlen, dann ist das nur als ein „Angst- und Notversprechen" anzusehen. Der König hat jedoch Mitleid mit ihm und hebt nicht nur den Befehl, ihn in die Sklaverei zu verkaufen, auf, sondern erläßt ihm auch die Schuld. „Die Güte des Herrn geht über die Bitte des Knechtes weit hinaus."

Unmittelbar darauf, so will uns die Erzählung glauben machen, trifft der Statthalter zufällig einen seiner Mitknechte, der ihm 100 Denare schuldig ist. Die Hörer Jesu werden sich diesen als einen kleinen Beamten oder Steuerpächter vorgestellt haben. Er soll offenbar ein Untergebener des Statthalters sein; Mitknecht wird er genannt, weil er wie dieser dem König dienstbar ist. Sein Gläubiger packt ihn beim Kragen, damit er nicht entkommen kann. Jetzt sofort, auf der Stelle, soll er zahlen, was er schuldig ist.

Die Erzählung verwendet große Sorgfalt darauf, diese zweite Szene der ersten so ähnlich wie möglich zu gestalten, damit die Unterschiede um so deutlicher hervortreten: Auch hier ist der Schuldner ganz von dem Willen seines Gläubigers abhängig (vgl. V. 30: „Er aber wollte nicht"), auch hier wirft sich der Schuldner nieder und verspricht, seinen Verpflichtungen nachzukommen, wenn er Zahlungsaufschub erhält. Er gebraucht die gleichen Worte wie vorhin sein Gläubiger, mit dem Unterschied, daß er sicher in der Lage sein wird, sein Versprechen zu verwirklichen, was bei der Riesensumme, die der Statthalter schuldet, undenkbar war. Augenfällig ist der Unterschied der Schuldsummen, aber der Unterschied, auf den es vor allem ankommt, liegt im Verhalten der Gläubiger: Während der König Barmherzigkeit walten läßt, bleibt der Statthalter hart: Er wirft seinen Schuldner ins Schuldgefängnis, aus dem er erst freikommt, wenn seine Angehörigen die Schuldsumme aufgebracht haben und ihn auslösen können [h]. In die Sklaverei verkaufen kann er ihn nicht, da die Schuldsumme weitaus niedriger ist, als der Sklavenpreis.

Voll Empörung — die sprachlich naheliegende Übersetzung „betrübt" ist hier unzutreffend — berichten die „Mitknechte", die wohl als hohe Beamte gedacht sind, den Vorfall dem König. Dieser befiehlt den Statthalter

---

[j] Luther übersetzt: Er betete ihn an; das griechische Wort, das hier zugrunde liegt, wird in der Tat meistens im Sinne der Anbetung von Gott oder Göttern gebraucht, bezeichnet aber ebenso den Fußfall vor dem Könige. Hier ist es „die Gebärde flehentlichen Bittens eines Niedergebeugten" (Lohmeyer, S. 279).

zu sich, hält ihm vor, womit er sich verschuldet hat[k], und macht den Schulderlaß rückgängig. Er übergibt ihn den Folterknechten, bis er alles — nämlich die 100 Millionen Denare — bezahlt hat. Die Strafe der Folterung wurde „im Orient regelmäßig gegen ungetreue oder in der Ablieferung der Steuern saumselige Statthalter angewendet, um herauszubekommen, wo sie das Geld versteckt hatten, oder um die Summe von ihren Verwandten oder Freunden zu erpressen"[1]. Nach dem, was in V. 25 erzählt worden ist, kann der Hörer des Gleichnisses indes nicht den Eindruck gewinnen, daß die Folterung hier als Mittel dienen soll, die Schuldsumme herbeizuschaffen. An eine Auslösung ist angesichts der Höhe der Schuld nicht zu denken. ‚Bis daß er alles bezahlt hätte' kann also „nur besagen, daß die Strafe kein Ende findet" .

Der Vergleichspunkt der Parabel liegt in V. 33. Das kann man sich leicht klar machen: Wäre V. 34 die Pointe der Parabel, so hätte die Rede des Königs V. 33 nicht erzählt zu werden brauchen. Für den Ablauf der Handlung ist sie ohne Bedeutung, und es liegt auf der Hand, daß so, wie das Gleichnis erzählt ist, die Frage des Königs keine Antwort des Schalksknechts erwartet. Sie ist zum Fenster heraus, zu den Hörern des Gleichnisses gesprochen. Daß in der Regel der letzte Vers eines Gleichnisses das Gewicht hat, bedeutet hier keinen Einwand. V. 34 ist zu 33 die notwendige Ergänzung: Er zeigt, daß das „müssen" als der ausschließliche Sinn der Situation gemeint war, den zu verfehlen nicht ohne Folgen bleiben kann: Es gibt ein zu spät!

Welcher Ernst hinter dem Wort des Königs steht, erhellt aber auch aus dem Sprachgebrauch. Leider ist unser Wörtchen „müssen" viel zu verwaschen, als daß es wiedergeben könnte, was hier gemeint ist. Das griechische Wort, das es übersetzen soll, meint den tiefen Ernst eines heiligen Gesetzes. Es wird z. B. in den Leidensweissagungen gebraucht (Mk. 8, 31 und Parallelen); der Auferstandene erklärt Jüngern auf dem Wege nach Emmaus: „Mußte nicht Christus solches leiden und zu seiner Herrlichkeit eingehen?" (Lk. 24, 26). „Des Menschen Sohn muß erhöht werden", steht bei Joh. 3, 14. „Es muß geschehen", heißt es von den vorgesehenen Ereignissen des Weltendes (Mk. 13, 7). Der Tag sei da, an dem man das Passah opfern müsse (Lk. 22, 7). Diese Vorschriften des Gesetzes muß man tun und jene soll man nicht lassen (Mt. 23, 23). Das sind einige Proben des Sprachgebrauchs, die sich beliebig vermehren lassen.

---

[k] Die Anrede, die Luther mit Schalksknecht übersetzt, lautet wörtlich: „Du böser Knecht!"

[1] Jeremias, S. 210, vgl. dazu o. Fußnote [h].

Die Bedeutung der Parabel

Das Gleichnis nötigt uns, dem Urteil des Königs zuzustimmen. Wenn wir hören, wie der Schalksknecht den Folterknechten übergeben wird, dann denken wir: Dem geschieht ganz recht, er hätte barmherzig sein müssen! Aber die Sicherheit, mit der die Parabel ihr Ziel erreicht, darf uns nicht darüber hinwegtäuschen, daß diese Zustimmung keinesfalls selbstverständlich ist. Hat denn der Schalksknecht anderes getan als das, was wir alle Tage zu tun pflegen? Er hat sich auf den Rechtsstandpunkt gestellt und sich nach den damals geltenden Gesetzen zu seinem Eigentum verholfen. Wie kann das nur so verwerflich erscheinen?

Der Grund dafür muß in dem Nacheinander von empfangener Barmherzigkeit und geübter Unbarmherzigkeit liegen: Das Verhalten des Schalksknechtes ohne die vorausgehende Güte des Herrn erzählt, würde niemals unseren Protest herausfordern[m]. Das Gleichnis läßt deutlich werden, daß dieses Nacheinander mehr ist als die bloße zeitliche Aufeinanderfolge von Ereignissen, die sachlich nichts miteinander zu tun haben. Offenbar ist Barmherzigkeit ihrem Wesen nach etwas anderes als eine vereinzelte Begebenheit, die wir uns widerfahren lassen könnten mit dem erleichternden Gefühl, noch einmal davongekommen zu sein, um im übrigen alles so weitergehen zu lassen, wie wir es gewohnt sind. Sie scheint den Charakter einer Ordnung zu haben, so, wie das Recht eine Ordnung ist.

Damit bringt das Gleichnis etwas ans Licht, das uns im allgemeinen verborgen ist. Wir pflegen der Barmherzigkeit eine ganz andere Rolle zuzuschieben: Bei uns ist sie die große Ausnahme, die Möglichkeit, auf einen Anspruch auch zu verzichten, den man „von Rechts wegen" stellen kann. Von dieser Möglichkeit Gebrauch zu machen, gilt als ehrenwert und bewunderungswürdig — aber der Normalfall ist eben doch, daß man auf seinem Rechtsstandpunkt beharrt. Bei uns ist die Barmherzigkeit eingeschlossen in die Ordnung des Rechtes, oder richtiger würden wir sagen: in die Ordnung der Ansprüche, denn Recht ist ja noch mehr als Anspruch. Der Anspruch ist gleichsam die Kehrseite des Rechts; zunächst ist das Recht die Grenze, die in die Schranken weist, nicht der Rechtsstandpunkt, auf den man sich stellen kann.

Indem das Gleichnis den Ordnungscharakter der Barmherzigkeit sichtbar macht, stellt es die Barmherzigkeit der Ordnung der Ansprüche so entgegen, daß ein radikaler Gegensatz aufgerissen wird und nur noch ein Ent-

---

m Auf die unmittelbare zeitliche Folge kommt es dabei nicht an. Sie ist ein Kunstgriff der Erzählung, der die Wirkung noch verstärken soll.

weder-Oder möglich ist: Wo die Barmherzigkeit ihrem Wesen nach den Charakter einer Ordnung hat, kann sie nicht „Ausnahme" sein, sondern nur der „Normalfall". Dabei versteht sich von selbst, daß alles, was hier von der Norm abweicht, nicht zulässige Ausnahme sein kann, sondern nur Verfehlung. Hier ist Barmherzigkeit nicht in das Belieben gestellt als eine Möglichkeit unter anderen, sondern begegnet als Forderung[n]. Das bedeutet zwar nicht, daß es kein Recht mehr gibt, wohl aber, daß es so etwas wie „mein Recht" nur geben kann, soweit es die Barmherzigkeit zuläßt. Die Grenze des „soweit" zieht kein Prinzip, sie wird durch die Not des Nächsten angezeigt; andernfalls hätte es keinen Sinn mehr, von Barmherzigkeit zu reden. Nur darum kann uns das Handeln des Schalksknechts so verwerflich erscheinen, weil uns das Gleichnis hineinnimmt in eine Betrachtungsweise, die der Ordnung der Barmherzigkeit entspricht. Wie ist es aber möglich, daß wir uns unwillkürlich auf diese Betrachtungsweise einlassen, obwohl wir gewohnt sind, uns an die Ordnung der Ansprüche zu halten? Jemand, dem ich diese Frage vorlegte, antwortete mir: „Diese Ordnung ist so natürlich, so wie die Sonne und die Erde, wie der Vogel und der Baum!"

Sollte hier die ursprüngliche Ordnung der Wirklichkeit sichtbar werden?[o]

Unsere Zustimmung zu dem Gleichnis bedeutet, daß wir mit uns selbst in Widerspruch geraten sind. Aber das Gleichnis macht nicht nur diesen Widerspruch offenbar, es kann uns auch helfen, ihn zu überwinden. *Der Sinn des Wortes Jesu ist: Wir sollen uns mit unserem Leben einlassen auf die Ordnung der Barmherzigkeit*[p].

---

[n] Nur hier hat es Sinn, von einem Liebes*gebot* zu reden!

[o] Wer es gewohnt ist und vermag, darf hier von Gottes Schöpfung reden. Aber niemand ist genötigt dazu, und niemand darf dazu genötigt werden. Es kommt nicht auf die Worte an; die Sache will sich von sich selber zeigen, und jedes Wort, das dieses Von-sich-selber-Zeigen verdeckt, ist eine verderbliche Behinderung für den Glauben meines Bruders, die nicht zu verantworten ist.

[p] Hier wäre ein Einwand von der historischen Auslegung her möglich: Es stimmt, daß Jesu Gleichnis zunächst nicht diesen allgemeinen Sinn gehabt hat. Das Gleichnis hat Jesus in der Auseinandersetzung mit seinen Zeitgenossen gesprochen, und es bezieht sich auf einen bestimmten Einzelfall, in dem Jesus und seine Zuhörer grundsätzlich verschiedener Meinung waren. Er ist uns nicht überliefert; an Hand des Gleichnisses dürfen wir jedoch annehmen, daß die Hörer Jesu gewillt — oder schon bei der Tat — waren, sich Mitmenschen gegenüber, die der Barmherzigkeit bedurften, ihrer Gewohnheit entsprechend nach der Ordnung der Ansprüche zu verhalten. Ließen sich die Zuhörer Jesu durch das Gleichnis bewegen, der Wahrheit Folge zu leisten, dann war indes mehr mit ihnen geschehen, als daß ihr Verhalten sich in einem bestimmten Einzelfall geändert hatte. Es tat sich für sie ein Leben auf in der Ordnung der Barmherzigkeit, ein neues

Dort ist Wahrheit, uns voraus — das haben wir ja durch unsere unwillkürliche Zustimmung selber zugegeben. Nun müssen wir nach, mit unserem Leben dieser Wahrheit entsprechen — oder wir müßten für unser Leben auf die Wahrheit verzichten. Nachdem uns das Wort Jesu erreicht hat, können wir nicht alles beim alten lassen und dennoch meinen, es wäre alles in Ordnung.

Aber nun kommt es darauf an, ein Mißverständnis aus dem Wege zu räumen. Sich auf die Ordnung der Barmherzigkeit einlassen, bedeutet nicht, ein Gesetz über sich aufzurichten, das fordert: Du sollst barmherzig sein, du sollst vergeben usw. Es bedeutet vielmehr, sich darauf einzulassen, daß die Wirklichkeit dieser Ordnung entspricht, obwohl es den Augenschein zu haben scheint, daß das Gegenteil der Fall ist. Es heißt die Wirklichkeit darauf zu befragen, ob sie nicht selber einen Weg für die Barmherzigkeit anweise dort, wo sie nötig ist, — einen Weg, der ein Lebensweg ist für den Barmherzigen — nicht nur eine Verbotstafel. Vergebung bedeutet dort z. B. etwas anderes als „nicht mehr darüber reden" oder, wie man so schön sagt: „Gras über die Sache wachsen lassen". Sie bedeutet das Vertrauen, daß für den anderen und mich eine gemeinsame Zukunft möglich ist.

Nur die Erfahrung kann zeigen, daß die Barmherzigkeit die Ordnung der Dinge ist, und diese Erfahrung kann ich nur machen, wenn ich mich auf sie einlasse. „Wenn ihr glauben würdet", so heißt es, „würdet ihr die Wunder Gottes sehen!"

Aber Erfahrung ist nie eindeutig, und erst am Ende kann es sich erweisen, was der Sinn der Wirklichkeit war. Der Glaube muß gewagt werden. Er darf und kann aber gewagt werden, weil uns das Wort Jesu als Wahrheit überwunden hat. Wir haben ja keine Wahl, denn wie könnten wir in der Unwahrheit leben! Wir sind in der Lage des Petrus, der feststellt: „Herr, wohin sollen wir gehen? Du hast Worte des ewigen Lebens" (Joh. 6, 68).

Leben, das von dem Leben unter der Ordnung der Ansprüche unverwechselbar verschieden war. Insofern haben wir das Recht zu der obigen Auslegung[17]. Daß das Wort Jesu — in einem längst vergangenen Augenblick zu längst verstorbenen und vergessenen Zuhörern gesprochen, auch uns angeht, beruht auf keiner anderen Voraussetzung, als daß die durch das Gleichnis eingefangene Wahrheit auch uns überführt. Daß dann, wenn wir uns im Glauben auf diese Wahrheit einlassen, Jesus der „treue Zeuge" (Offb. 1, 5) für uns wird und es zum Lobe Jesu kommt, ist die *Folge* und darf nicht als Voraussetzung eingeschmuggelt werden.

9. DAS GLEICHNIS VOM VIERERLEI ACKER UND SEINE DEUTUNG
(Mk. 4, 1—9. 14—20)

Der Rahmen

Das Gleichnis vom viererlei Acker wird von jedem der drei Synoptiker überliefert. Wir halten uns an die Markusfassung, die mit guten Gründen als die älteste gelten darf[a].
Dem Gleichnis geht in V. 1 eine Schilderung der Szene voraus. Sie ist kein historischer Bericht, der uns sagen will, bei welcher Gelegenheit Jesus das Gleichnis gesprochen hat. Es ist eine „symbolische" Szene, vom Evangelisten geschaffen, randvoll mit theologischer Aussage[b]. Es ist eines der Bilder, die der Glaube von Jesus malt, um zu zeigen, wie er ihn erkennt[c]. Der Evangelist zeichnet Jesus als den Lehrer, dem das ganze Volk zuströmt, um die heilsame Lehre zu erfahren. Welch gewaltige Menschenmenge Jesus umdrängt, bringt er dadurch zum Ausdruck, daß er Jesus genötigt sein läßt, ein Boot zu besteigen. Jesu Autorität macht er sichtbar, wenn er sagt, daß Jesus in dem Schiffe *sitzt*. Denn so gebührt es dem Lehrenden, während die hörende Menge — stehend, wie Matthäus verdeutlicht — am Ufer verharrt. Wie schon gesagt, hier ist die Bedeutung Jesu gemalt, nicht die historische Situation berichtet, in der Jesus das Gleichnis erzählt hat. Auch V. 2 ist noch ein Rahmenvers, der den Zusammenhang zwischen den Überlieferungsstücken des Kapitels herstellt .
Die Aufforderung: „Höret!", die das Gleichnis einleitet, meint nicht nur die leiblichen Ohren, wie aus V. 9 hervorgeht. Mit „Siehe" wird nicht die Vorstellungskraft aufgerufen. Diese im Alten und Neuen Testament häufige Wendung bedeutet nicht viel mehr als einen Doppelpunkt; den Hinweis: jetzt kommt es!

Das Gleichnis

Obwohl das Gleichnis als erstes den Sämann nennt, steht dieser nicht im Mittelpunkt der Erzählung[d]. Die Worte: „Es ging ein Sämann aus zu

---
[a] Auf den synoptischen Vergleich können wir hier verzichten, weil wir nach dem ursprünglichen Sinn des Gleichnisses fragen. Für diese Frage gewähren die Paralleltexte uns keine Hilfe; sie können uns nur über die Geschichte der Auslegung dieses Gleichnisses in der Urchristenheit unterrichten.
[b] Vgl. o. S. 45 ff.
[c] Vgl. o. S. 36 f.
[d] Ebensowenig, wie der in Lk. 16, 1 genannte „reiche Mann" in der Parabel vom ungerechten Haushalter die Hauptfigur ist!

säen" bilden gleichsam die Exposition der Geschichte. Der eigentliche Ablauf der Handlung setzt mit: „Und es begab sich" ein. Wir würden ihn nicht verstehen, wenn wir nicht Kenntnis hätten von den Besonderheiten des palästinischen Ackerbaues: Nach der Ernte im Juni bleibt der Acker bis zur Saatzeit im November oder Dezember liegen, und mag er auch bald nach der Ernte ein- oder mehrmals gepflügt worden sein — was jedoch keineswegs immer geschieht — , unmittelbar vor dem Säen wird er nicht gepflügt . „Der ganze Sommer ist über ihn hingegangen, die Stoppeln", sofern sie nicht umgepflügt wurden, „sind abgeweidet oder vom Sonnenbrand und Wind vernichtet, hier und da sind dornige Sommerpflanzen, besondere Disteln, aufgewachsen und wieder verdorrt, so daß sie nun dürr und holzig dastehen. Sind ihrer viele, so würde man sie vielleicht abbrennen. Sind sie nur stellenweise vorhanden, so weiß man, daß der Pflug sie unter den Boden bringen wird" . Das Feld wird in Saatstreifen eingeteilt, und sobald der Sämann aus dem umgehängten Sätuch oder dem hochgerafften Oberkleid den Samen in weitem Schwung auf einen der Streifen gestreut hat, wird er eingepflügt, „damit die Pause zwischen dem Säen und dem Pflügen nicht zu lang werde"[e]. Oft arbeitet außer dem Sämann auch noch ein Pflüger auf dem gleichen Feld. Wollte man den Acker auf einmal besäen, würden die Vögel von der Saat nicht viel übrig lassen. Was jedoch trotz aller Vorsicht des Sämanns unvermeidlich auf den schmalen Weg gefallen ist, der sich durch den Acker schlängelt, wird ihnen zur sicheren Beute. Den Pfad zu pflügen wäre sinnlos. Er ist hartgetreten, und nach einem alten Gewohnheitsrecht würde er doch sehr bald wieder an der gleichen Stelle von Menschen und Saumtieren gebahnt werden .

Es ist eine Eigenart des palästinischen Berglandes, aber auch der Gegend von Kapernaum in Galiläa, daß der felsige Untergrund bis dicht an die Oberfläche des Ackerbodens heranreicht und stellenweise nur von einer dünnen Erdkrume bedeckt ist. Solche Stellen lassen sich — zumal auf ungepflügtem Felde — nicht leicht erkennen, und da sie ohnehin nur klein sind, kann man sie beim Säen schlecht auslassen. Die Saat, die darauf fällt, geht besonders schnell auf, sei es, weil „die dünne Ackerkrume vom starken, regengleichen Tau Palästinas ganz durchnäßt" wird, sei es, weil sie bis auf den Grund von der Sonne durchwärmt wurde . Vielleicht liegt es auch daran, daß die Pflanze keine breite Schicht zu durchdringen hat und sich nur in einer Richtung, nach oben, in den Halm, entfalten kann . Ebenso schnell, wie sie aufschießt, ist es aber schon um solch eine Pflanze

---

[e] Dalman, PJ 22, S. 121. Ein Eineggen der Saat kennt man in Palästina nicht.

geschehen. Die Erzählung scheint nahezulegen, daß schon die Sonne des ersten Morgens am Tage nach der Aussaat sie versengt, so daß sie verdorren muß. Das dürfte jedoch kaum der Wirklichkeit entsprechen, sondern ein Zeichen anschaulicher Erzählweise sein, die auf die Zeitspanne nicht reflektiert.

Die Sonne hat in diesem Lande wirklich eine verheerende Kraft — sogar am frühen Morgen schon — und es ist durchaus berechtigt, daß im Urtext der Ausdruck „versengte" gewählt ist, nicht „verwelkte", wie Luther übersetzt. „Man kann sich denken, daß die heiße Sonne, die trockene Luft und das Fehlen des nächtlichen Taus an den Ostwindtagen von April und Mai dem Leben dieser in ihrer Vereinzelung besonders unbeschatteten Pflanzen ein besonders rasches Ende bereiten muß. Erst gelb, dann weiß stehen Blättchen und Halm dann da und die Ähre fehlt."

Wenig besser geht es dem Samen, der unter die „Dornen" fällt — ein Wort, das hier den Sammelbegriff für die verschiedensten stachligen Unkräuter bildet. Es sind „oft mächtige, bis zu zwei Meter hohe Gewächse mit schönen gelben, roten oder blauen Blüten." „Das Fallen des Samens auf die Disteln, die doch dann erst aufgehen, meint, daß die Disteln an dieser Stelle sich versamt hatten. Sie sind unsichtbar. Man könnte in Palästina sich den Vorgang aber auch so denken, daß Disteln und Dornkräuter sichtbar vorhanden waren ...: Während des Sommers sind stellenweise Disteln emporgeschossen, und nun fällt der Same zwischen sie. Das Pflügen wendet zwar den Erdboden. Aber der Distelsame und die Wurzeln perennierender [überdauernder] Dornkräuter bleiben darin und werden von dem in den Boden eindringenden Winterregen ebenso wie der Weizensame zu neuem Leben erweckt. Hier sind die in die Breite gehenden Dornkräuter im Vorteil." Allmählich nehmen sie den Weizenpflanzen völlig Nahrung und Licht, und wenn diese auch aufwachsen konnten — das Fruchttragen gelingt ihnen nicht mehr.

So geht bei jeder Saat auf verschiedene Weise Same verloren. Natürlich ist es nur wenig, „denn das würde ja ein merkwürdiger Bauer sein, der so unachtsam säte, daß das meiste, oder die Hälfte, auch nur irgendein beträchtlicher Teil des Samens auf unfruchtbaren Boden fiele" [f].

---

[f] (Charles W. F. Smith, S. 63. Übersetzung von mir.) Wenngleich die Schilderung der Ursachen, die einen Teil des Samens am Fruchttragen hindern, in der Erzählung einen dreimal so breiten Raum einnimmt wie die Aussage über den Ernterfolg, so konnte doch keiner der mit der Landwirtschaft vertrauten Hörer der Parabel auf den Gedanken kommen, das Zahlenverhältnis 3 : 1 auch auf die *Menge* der fruchttragenden Saat zu beziehen. Da die Parabel das gute Land erst am Schluß erwähnt, legt sie das Gewicht auf den Erfolg der Aussaat, nicht auf den Mißerfolg.

Die konkrete Schilderung *mehrerer* Ursachen, die ein Samenkorn daran hindern können, Frucht zu bringen, soll offenbar den Eindruck verstärken, daß es natürlich

Das übrige, welches auf gutes Land gefallen ist, trägt „dreißigfältig, sechzigfältig und hundertfältig". Nicht der Ertrag des ganzen Ackers ist hier gemeint, der sich nach dem Drusch aus dem Verhältnis von Aussaat und Ernte berechnen läßt, sondern die Frucht, die das einzelne Korn hervorbringt . 35 Körner trägt die Ähre in jenem Lande im Durchschnitt, oft werden auch 60 Körner und vereinzelt sogar 100 in einer Ähre gezählt .

Der Streit um die Zeitansage

Wollen wir wissen, in welche Situation Jesus das Gleichnis hineingesprochen hat, müssen wir uns fragen, was wir aus anderen Texten vom „historischen Jesus" wissen können.

Als von Jesus ein ‚Zeichen vom Himmel' gefordert wird, verweist er die Zeichenforderer auf das ‚Zeichen des Jona' (Lk. 11, 29; Mt. 12, 39). Ich meine, daß der Anlaß für die Zeichenforderung Jesu anstößige Verkündigung des Anbruchs der Gottesherrschaft gewesen ist, und daß der Verweis auf das Jonazeichen auf die durch die Predigt des Täufers bewirkte Umkehr der Zöllner und Sünder geht. Jesus selbst hat den Täufer für größer gehalten als alle, die vom Weibe geboren sind (Mt. 11, 11 a; Lk. 7, 28 a), für mehr als einen Propheten (Mt. 11, 9; Lk 7, 26), für den Erfüller des Maleachiwortes: „Siehe, ich sende meinen Engel vor meinem Angesichte her, der vor mir her den Weg bereiten soll." [g] Für Jesus ist der Täufer der wiedergekehrte Elia (Mt. 11, 14; Mk. 9, 13), der nach dem Wort des Propheten Maleachi gesandt werden soll, ehe der große und schreckliche Tag des Herrn kommt, der das Herz der Väter zu den Kindern und das Herz der Kinder zu den Vätern bekehren (Mal. 3, 23 f.), kurzum, der Israels Umkehr bewirken soll.

Für Jesus scheint das durch die Täuferpredigt bewirkte Ereignis der Umkehr der ‚Zöllner und Sünder' Hinweis dafür gewesen zu sein, daß jetzt Gottes Herrschaft erscheint . Seine Terminangabe konnte nicht unwidersprochen bleiben, denn die Zeitgenossen Jesu bekamen nicht zu

und selbstverständlich ist, wenn nicht jedes Korn zur Ernte heranreift. Gerade auf der Selbstverständlichkeit, die die geschilderten Vorgänge für die Hörer haben mußten, beruht die argumentative Kraft der Parabel: Jene Gegebenheiten, die den Hörern Unruhe bereiten und Sorge machen (oder ihr Mißtrauen erwecken?), sollen ihnen im Lichte der Parabel als etwas erscheinen, das sich naturgemäß so ereignen muß.

Unser Verständnis des Gleichnisses wird dadurch leicht irregeleitet, daß die Übersetzungen den unbestimmten Zahlbegriff „etliches" verwenden, wo im Urtext nur *„allo"* = „anderes" steht.

[g] Da das Urchristentum Johannes den Täufer als Vorläufer *Jesu* ansah, änderte man das Maleachiwort. Es lautet nun Mt. 11, 10; Lk. 7, 27: ‚Siehe, ich sende meinen Engel vor *deinem* Angesichte her, der vor *dir* her den Weg bereiten soll.'

sehen, was sie vom Anbruch der Gottesherrschaft erwarteten. Es gab Streit um die Zeitansage Jesu.

In diesem Streit scheint Jesus versucht zu haben, durch das Gleichnis vom viererlei Acker seine Hörer mit sich ins Einverständnis zu bringen. Er räumt ihnen ein, daß der Bußpredigt des Täufers kein voller Erfolg beschieden war, indem er im Gleichnis ausführlich davon spricht, daß nicht jedes Korn, das ausgesät wird, Frucht bringt, sondern manches auf vielerlei Weise verlorengeht. Aber indem er das einordnet in den normalen Vorgang von Saat und Ernte und ausdrücklich herausstreicht, daß die Ernte trotz aller Verluste dennoch reichlich ist, relativiert er völlig, was für seine Hörer ein entscheidender Einwand gegen Jesu Zeitansage war, und macht es zu einem belanglosen Begleitumstand. Auch wenn nicht jeder sich taufen ließ, auch wenn nicht alle auf die Bußpredigt des Täufers hin umgekehrt sind, das ist kein Einwand dagegen, daß der Täufer der zu erwartende Elia war und jetzt Gottes Herrschaft erscheint .

Die Deutung

Das Gleichnis vom viererlei Acker hat bereits eine längere Geschichte gehabt, ehe Markus es in sein Evangelium aufnahm. Für die erste Gemeinde gab es nicht wie für Jesus den Streit um die Zeitansage. Sie verkündigte nicht den Anbruch der Gottesherrschaft, sondern die frohe Botschaft von der Auferweckung Jesu. Dabei machte sie die bestürzende und bedrückende Erfahrung: Es sind nur wenige, die dieser Botschaft Glauben schenken. Die anderen gehen an dem, was für uns die große Gabe Gottes ist, achtlos vorüber. Diese Erfahrung brachte sie zwar nicht dazu, am Glauben zu zweifeln, aber sie war ihnen eine große brennende Frage: wie kann es geschehen, daß in dieser Sache, die doch alle Menschen gleichermaßen angeht, zwischen uns und den anderen dieser Unterschied, dieses tiefste Anderssein besteht? Sie fanden eine Antwort in den Worten des Gleichnisses. Diese Antwort lautete: Laßt euch durch diese Erfahrung nicht befremden, es kann ja gar nicht anders sein: seht doch, wie es zugeht, wenn der Sämann seinen Samen streut. Nicht jedes Korn trägt Frucht, vieles geht aus diesem oder jenem Grunde verloren[h].

---

[h] Ein ähnlicher Gedanke ist im 4.Esrabuche, das gegen Ende des 1. Jahrhunderts n.Chr. entstand, mit dem Bilde der Saat verbunden worden: „Denn wie der Landmann vielen Samen auf die Erde sät und eine Menge Pflanzen pflanzt, aber nicht alles Gesäte zur Zeit bewahrt wird und nicht alles Gepflanzte Wurzel schlägt, so werden auch die, die in der Welt gesät sind, nicht alle bewahrt bleiben." 8, 41.

Nachdem sich erst einmal das Verstehen an dem Gleichnis entzündet hatte, merkte man, daß dieses nicht nur die Frage im ganzen beleuchtet, sondern sein Licht auch auf vieles Einzelne wirft[i] .

Geradeso wie mit dem Samen, der auf den Weg gesät wird und die Vögel picken ihn weg, ohne daß er auch nur in die Erde kommt, scheint es bei manchen Menschen zu gehen: Das Wort der Verkündigung geht ihnen nicht ein. Es ist, als hätten sie es nie gehört, als würde schon in dem Augenblick, wo sie es mit ihren Ohren aufnehmen, der Teufel ihnen das Wort aus dem Herzen reißen.

Aber auch des geilen Wachstumes, das letztlich doch keine Frucht bringt, gibt es genug. Manche Menschen sind schnell bereit, das Evangelium anzunehmen, aber sie haben keine Beständigkeit. Es geht bei ihnen nicht tief genug. Es wächst ohne Widerstand und ist deshalb keinem Widerstand gewachsen.

Wie unter die Dornen gesät ist das Wort bei jenen, die es zwar hören, aber ihre Sorgen und Begierden füllen sie so aus, daß das Wort um seine Wirkung kommt.

Wie mit dem Korn auf gutem Lande, so steht es aber mit denen, die das Wort hören, annehmen und Frucht bringen .

Es ist bemerkenswert, wie sehr die ganze Deutung des Gleichnisses „im Bilde" bleibt, als würden gerade nur einige Umrisse nachgezogen: Es heißt von Menschen, daß sie „keine Wurzel haben", und das „Fruchttragen" bleibt als Metapher stehen. Die Sonnenglut legt den Gedanken an Bedrängnis und Verfolgung nahe (vgl. 1.Petr. 4, 12): auch in unserer Sprache kann ja noch von „Drangsalshitze" geredet werden. Wie Dornen und Disteln lassen auch Sorgen und Begierden für nichts anderes mehr Raum, füllen den Menschen ganz aus.

---

[i] Die Deutung des Gleichnisses vom viererlei Acker (Mk. 4, 14—20) ist erst in der Urgemeinde entstanden (vgl. [16]), sie geht nicht auf Jesus zurück. Dementsprechend geben die V. 10—13 auch nicht die Situation an, in der diese Deutung gesprochen wurde. Das erlaubt uns, diese Verse in unserer Auslegung zu übergehen. Sie sind mit schweren exegetischen Problemen belastet, und wollten wir näher auf sie eingehen, müßten wir so weit ausholen, daß wir damit die Aufgabe der Perikopenauslegung, die wir uns gestellt haben, weit überschreiten würden. Nur soviel soll hier gesagt werden, daß Jesu Gleichnisse keine verhüllte Rätselrede waren, die einer nachträglichen Aufschlüsselung (vgl. V. 34) bedurft hätte. Wir haben es in V. 10 ff. mit einer theologischen Konzeption des Evangelisten zu tun.

[j] Es braucht nicht zu verwundern, daß die Deutung Mk. 4, 14 ff. nicht vergleicht, sondern sagt: das *sind* die auf dem Wege, oder, wenn die Menschen einmal den Samen, ein anderes Mal dem Ackerboden verglichen werden: das ist die abgekürzte, ungenaue orientalische Erzählweise. Ausführlicher müßte es heißen: So, wie es zugeht, wenn der Same ... verhält es sich mit den Menschen, die ...

Nun ist aber zu bedenken, daß es bei den Menschen, anders als bei den Weizenkörnern, nicht nur auf die Menge ankommt, sondern auf den einzelnen. Die Einsicht: Nicht alles trägt Frucht! wird zum bangen Wissen darum, daß der Mensch sein Leben verfehlen kann und führt zur Frage des Menschen nach sich selbst: Wie steht es mit mir?

Diese Frage ist nicht beantwortet, wenn ich weiß, zu welcher Gruppe ich mich zu zählen habe, sondern sie kann nur so ihre Antwort finden, daß es einmal endgültig von meinem Leben heißt: es brachte Frucht.

Solches Fruchtbringen ist aber nicht dieses oder jenes, kein Werk und keine Hinterlassenschaft[k]. Es besagt, daß das Leben eines Menschen zu dem geworden ist, was es sein sollte. Solches kann aber nur geschehen, so sagt unser Text, wo das „Wort", das Evangelium von Jesus Christus, gehört und angenommen wird.

10. DER UNGERECHTE RICHTER
(Lk. 18, 1—8)

Der Richter und die Witwe

Die Hauptpersonen der Parabel sind ein gewissenloser Richter und eine wehrlose Witwe.

Der Richter, der doch im Namen Gottes Recht sprechen sollte (2. Chr. 19, 6 ff.), fürchtet Gott nicht, und keine Scheu vor Menschen hält ihn zurück. Er wird der „ungerechte" Richter genannt, weil er das gerade Gegenteil eines Gerechten ist; wir würden fehl gehen, wenn wir das Wort nur als Hinweis auf seinen mangelnden Gerechtigkeitssinn auffassen würden. Es soll soviel wie „gottlos" oder „ruchlos" besagen .

Ohne männlichen Beistand, meist dem Mangel preisgegeben, gehörte die Witwe neben der Waise zu den „sozial Schwachen". Oft genug wurde ihre hilflose Lage schamlos ausgenutzt. Deshalb galt es als die vornehmste Pflicht des Richters, Witwen und Waisen Recht zu verschaffen. Was aber hat eine arme Witwe zu erhoffen, wenn „der Richter ein ungerechter Mann ist, den es nicht bekümmert, wenn sie Unrecht leiden muß?"

Die Witwe kommt zum Richter mit der Bitte, daß er ihr gegen ihren Gegner zum Recht verhilft. Offenbar handelt es sich um eine Vermögens-

---

[k] Es ist zu beachten, daß der Text hier die Metapher stehen läßt. Das Fruchttragen erhält auch keine Näherbestimmung, wie man sie von alttestamentlichen Texten her kennt: Frucht der Buße, Frucht der Gerechtigkeit usf.

streitigkeit, denn nur eine solche konnte ein autorisierter Einzelrichter allein entscheiden. „Eine Schuldsumme, ein Pfand, ein Teil des Erbes wird ihr vorenthalten." Der Rechtsfall scheint so klar zu liegen, daß die Witwe unbedingt ihr Recht erhalten wird, wenn es nur zwischen ihr und ihrem Gegner zum Prozeß kommt . Es liegt aber in der Macht des Richters, den Termin anzusetzen, wann es ihm beliebt. „Und ein gewiegter Rechtsgelehrter hatte auch damals schon viele Möglichkeiten, eine ihm unbequeme Sache auf die lange Bank zu schieben."

Der Sieg der Beharrlichkeit

Das einzige Mittel, das die Witwe einsetzen kann, ist ihre Beharrlichkeit. Immer wieder kommt sie zu ihm und bittet ihn: schaffe mir Recht. Deutlich läßt sich im Urtext an V. 3 ablesen, daß hier von einem wiederholten Kommen die Rede ist .

Soviel Beharrlichkeit wird dem Richter schließlich zuviel. Er beschließt nachzugeben. Es kommt dem Erzähler sehr darauf an, zu zeigen, daß dies allein die Sinnesänderung herbeiführt und jedes andere Motiv ausgeschlossen ist. Deshalb läßt er den Richter in dem Selbstgespräch V. 4 die Charakteristik von V. 2 aufnehmen . Viele Übersetzungen erwecken den Eindruck, als würde außerdem die Furcht vor etwaigen Tätlichkeiten der verzweifelten Frau den Richter zu diesem Schritt bewegen. Dabei dürfte es sich jedoch um eine Fehlübersetzung handeln, die die Schlüssigkeit der Parabel verdirbt . Der Text muß lauten: Wenn ich auch Gott nicht fürchte und mich vor keinem Menschen scheue — weil diese Witwe mir Mühe macht, will ich ihr Recht verschaffen, „damit sie nicht ewig quengeln komme". „Nicht die Furcht vor einem Wutausbruch der Frau, sondern ihre Beharrlichkeit bringt ihn zum Nachgeben. Er ist die ewige Quengelei leid und will seine Ruhe haben." V. 5 b soll erläutern, worin die Mühe besteht, der der Richter ausweichen will, damit dieser Punkt, auf den es für die Parabel besonders ankommt, deutlich herausgestellt wird. Mit Bedacht ist ein sehr drastischer Ausdruck gewählt worden, der die Übersetzer leicht verleiten konnte, ihn wörtlich zu nehmen . Jene Worte, die die meisten Übersetzer mit „zuletzt", „am Ende" wiedergeben, können ebensogut „in Ewigkeit" bedeuten, wofür es zahlreiche sprachliche Parallelen gibt .

Die Deutung der Parabel

Die Aufforderung des Herrn: „Höret, was der ungerechte Richter sagt!" verweist die Hörer von der Gleichniserzählung auf ihre Bedeutung, läßt die Worte der Gleichnisfigur durchsichtig werden für das, was mit der Parabel gesagt werden soll[a]. V.7 zieht daraus den Schluß: „Wenn schon ein solcher ungerechter Richter der Hartnäckigkeit einer ihm gleichgültigen Frau nachgibt, wieviel mehr wird der gerechte Gott seine Auserwählten... erhören, die unablässig zu ihm schreien!" Die erste Frage des Verses ist im Urtext so formuliert, daß nur die eine Antwort möglich ist. Das kommt in der Übersetzung der Züricherbibel besser zum Ausdruck als im Luthertext. Bei der zweiten Frage des Verses ist dagegen der Lutherbibel (revidierter Text 1956) der Vorzug zu geben[b]. Bei dieser Frage wird vom Hörer nicht erwartet, daß er die Antwort selber gibt . Der Sprecher gibt sie mit dem „Ich aber sage euch". Diese Antwort stützt sich nicht, wie es scheint, nur auf die Autorität des Herrn; sie wird vielmehr voll und ganz von der Parabel getragen. Sie stützt sich auf den Kontrast zwischen dem ungerechten Richter, der den Prozeß der wehrlosen Witwe ungebührlich lange hinzieht, und dem gerechten Gott. Wenn die Beharrlichkeit selbst einen gottlosen Richter besiegen kann, um wieviel mehr muß ihr die Erhörung durch Gott zuteil werden. Dieses „um wieviel mehr" wird ausgemünzt in das „in Kürze".

Die Parabel und ihre Hörer

Bei der Parabel vom „ungerechten Richter" haben wir es wohl nicht mit einem Gleichnis des „historischen Jesus" zu tun, sondern mit einem Worte des erhöhten Herrn, einem Prophetenwort also, das im Namen und im Geiste Jesu zur Gemeinde der Glaubenden gesprochen wurde .

Das Gleichnis ist ein Wort, das aus dem Glauben gesprochen ist und zum Mut des Glaubens zurückrufen will. Es wendet sich an eine Gemeinde, die in Drangsal und Verfolgung steht. Ihre Lage gleicht der der Witwe. Das einzige, was in dem Vermögen der Jünger liegt, ist zu bitten. „Niemand kann ihr Recht offenbaren als allein ihr Herr. Er allein kann den Beweis für die Wahrheit ihres Worts führen, indem er sich offenbart, und einzig er hat das Vermögen, ihnen zu geben, was sie hoffen, indem er sie in sein Reich einführt." Diese Gemeinde schaut sehnsüchtig nach dem

---

[a] Sie „ist eine nur dem Vorangegangenen gemäß individualisierte Parallele von ‚Wer Ohren hat zu hören, der höre!' 8,8; 14,35" (Jülicher, S. 284).

[b] V.7a: „Gott aber sollte seinen Auserwählten, die Tag und Nacht zu ihm rufen, ihr Recht nicht schaffen" (Züricherbibel). V.7b: „und sollte er's lange bei ihnen hinziehen?" (revidierte Lutherbibel). Noch korrekter wäre hier die Übersetzung: Und zieht er es lange hin bei ihnen?, da es sich bei dieser zweiten Hälfte des Verses nicht um eine Suggestivfrage handelt.

Tage aus, an dem Gott erweisen wird, daß sie im Recht ist gegenüber ihren Bedrängern und ihr seine Hilfe zuteil wird. Sie schreit Tag und Nacht zu Gott: Herr hilf uns und laß deinen Gerichtstag kommen!

Die Urchristenheit teilte mit den jüdischen Zeitgenossen und den apokalyptischen Sekten die Erwartung des Weltendes. Jesus hatte verkündigt, daß die Gottesherrschaft im Anbruch sei. Der Glaube seiner Gemeinde, daß Gott diesen Jesus auferweckt (Apg. 2, 22—24) und zum Herrn und Christus gemacht hat (Apg. 2, 36), daß das schlechthin Entscheidende schon geschehen ist, sprach sich zunächst in der Erwartung aus, daß nun in Kürze die Erfüllung aller Verheißungen sichtbar werden müsse, ehe er mehr und mehr eine neue, ihm eigentümlichere Sprache fand.

Der Ton dieser Sprache des Glaubens ist auch in unserer Parabel nicht zu überhören: Die Verfolgung und Schikane mochte die Erwartung noch glühender gemacht haben, aber ein Tag folgte dem anderen, und an den Herzen konnte der Zweifel nagen: bleibt Gottes Tag aus? Eine kaum eingestandene bange Frage, denn die so fragten, hörten ja nicht auf, zu Gott zu rufen. In diese Situation gehört die fröhliche Gewißheit der Parabel. Mit Hilfe des Bildes vom gottlosen Richter beschwört sie das väterliche Gegenbild Gottes, das den Zuhörern ja nicht fremd ist, damit sie von neuem den Mut des Glaubens fassen. Wenn jenen soviel Beharrlichkeit zum Nachgeben nötigte, so darf ihnen an der Beharrlichkeit ihres Bittens ihre Erhörung gewiß werden. Nicht so, als müßte Gottes Wille erst überwunden werden; vielmehr: Gott, der bereit ist, auf das Bitten seiner Auserwählten zu hören, wird gerade nicht, wie jener Richter, mit seiner Hilfe auf sich warten lassen. Er wird ihnen Recht schaffen in Kürze .

Eine unerfüllte Verheißung?

Man könnte sagen, daß der Erzähler etwas versprochen hat, das nicht in Erfüllung gegangen ist, daß die Parabel eine unerfüllte Verheißung sei. Aber ist denn der Glaube um seine Erfüllung betrogen worden? Ist er von dem verlassen worden, auf den er sich verließ? War denn der Mut, mit dem er in die Zukunft hineinging, ein Irrtum, weil die Zukunft anders aussah, als er sie sich vorgestellt hatte? Nur der Glaube selber hat das Recht, diese Fragen zu beantworten.

Der Glaube wagt es aber, im Namen Jesu zu wiederholen, was der unbekannte Erzähler der Parabel tat: Im Namen Jesu angesichts dessen, was uns müde macht, im Vertrauen auf Gott zum Mut des Glaubens zurückzurufen.

Die Geschichte des Textes

Der Parabel wurde später in 8 b eine Frage angehängt, die eine Mahnung bedeuten soll: Wird der Menschensohn, der Christus, wenn er sich „an seinem Tage" (Lk. 17, 24, vgl. auch V. 20—37) „in seiner Herrlichkeit" (Lk. 21, 27) offenbart, auf Erden auch Glauben antreffen ?

Damit ist wohl nicht gemeint: werden dann auch Christen zu finden sein? Es wird bei dem Worte Glauben auch kaum an die feste Hoffnung gedacht sein, daß Gott seinen Auserwählten Recht schaffen wird. Vielmehr wird man sich durch den Vers an 2. Tim. 4, 7 erinnern lassen: „Den guten Kampf habe ich gekämpft, den Lauf vollendet, den Glauben bewahrt!", und an die Warnung, daß in der Drangsal vor dem Weltende viele abfallen werden (vgl. Mk. 13, 22). Im Zusammenhang mit der Parabel bedeutet die Frage 8 b: An Gott wird es nicht fehlen, aber wie steht es mit euch?

Mit der Einleitung V. 1 hat dann der Evangelist seine Auslegung zu der Parabel gegeben . Die Mahnung, „allezeit" zu beten, meint nicht, daß man ohne Unterbrechung Tag und Nacht im Gebet bleiben soll, sondern ist die Aufforderung, auch dann des Betens nicht müde zu werden, wenn die Erhörung lange auf sich warten läßt . Wahrscheinlich denkt Lukas hier vor allem an die Bitte um das Kommen der Gottesherrschaft, da er das Gleichnis auf die Worte vom Tag des Menschensohnes 17, 22—37 folgen läßt .

Die Akzente der Parabel haben sich bei ihm verschoben, was kaum ausbleiben konnte, sobald sie den Zusammenhang mit der ursprünglichen Situation verlor. War die Beharrlichkeit des Bittens mit ihrem sicheren Erfolg ursprünglich so verbunden, daß die vorhandene Beharrlichkeit das Unterpfand für die Gewißheit der Erhörung war, so wurde nun zur Beharrlichkeit im Beten gemahnt, da ihr Erfolg nicht ausbleiben könne, wie das Beispiel zeige. Das Gleichnis läßt beide Möglichkeiten der Anwendung zu. Nur darf man sich durch die Generalisierung in V. 1 nicht dazu verführen lassen, ein rationales Rechenexempel daraus zu machen. Man kann vor Gott nicht die Summe des Betens aufrechnen, um daraus auf die Fälligkeit der Erhörung zu schließen. Gott ist kein Automat, in den man nur die Münze beharrlichen Gebetes einzuwerfen brauchte, um das Gewünschte zu erhalten! Wahr ist die Aussage, die die Parabel über die Erhörung beharrlichen Betens macht, nur dort, wo sie als Zusage wiederholt wird, d. h. wo sie als Mahnung oder Tröstung verantwortlich gesprochen wird, und wo ihr der Glaube antwortet, der sich auf das Wort hin gegen allen Augenschein auf Gott verläßt.

11. DIE PARABEL VON DEN KLUGEN UND DEN TÖRICHTEN JUNGFRAUEN
(Mt. 25, 1—13)

Die Parabelerzählung

... zehn Jungfrauen, die ihre Lampen nahmen ...

Die Parabel erzählt von Jungfrauen, die mit Fackeln auszogen, um in feierlichem Zuge den Bräutigam einzuholen und in das Hochzeitshaus zu geleiten. Zehn werden genannt, das ist eine beliebte runde Zahl, wenn es gilt, einen größeren Kreis von Menschen zu bezeichnen. Sie ziehen aus und warten dann am Wege, auf dem der Bräutigam kommen muß.

Kommt er mit seinen Freunden von seinem elterlichen Haus zum Hause der Braut, um dort die Hochzeit zu halten? Das war nicht die Regel, konnte aber vorkommen. Oder ist die Braut schon in sein Elternhaus oder in sein eigenes gebracht, und er mußte sich solange außerhalb aufhalten, bis er feierlich in sein Brautgemach geleitet wird? Auch das ist denkbar. Unsere Kenntnis der damaligen Hochzeitssitten reicht nicht aus, um eine klare Antwort auf diese Frage zu geben . Überdies besteht Grund zu der Annahme, daß der Erzähler gar nicht an einen feststehenden Brauch anknüpft, sondern Einzelzüge, die damals zum Bilde jeder Hochzeit gehörten, nach seinen Absichten zu einem Ablauf der Ereignisse zusammenstellte. der vorkommen konnte, ohne doch die Regel zu sein .

Die Fackeln, mit denen die zehn Jungfrauen sich auf den Weg machten, um dem Bräutigam das Ehrengeleit zu geben, waren „oben mit ölgetränkten Lappen oder Werg umwickelte Stangen."

... fünf unter ihnen waren töricht

Auf das Zahlenverhältnis 1:1 kommt es der Erzählung nicht an: die zahlenmäßige Aufteilung will nur die Unterscheidung anschaulich zum Ausdruck bringen. Die Klugheit der Klugen besteht in nichts anderem. als daß sie noch ein Krüglein mit Öl zum Nachtränken ihrer Fackeln mitnehmen, und die Torheit der Törichten besteht allein darin, daß sie diese Vorsichtsmaßregel unterlassen. Das ist im Urtext deutlicher als in der Lutherbibel: Das Urteil von V. 2 wird in V. 3 begründet, wie das in der Übersetzung durch die Züricherbibel gut herauskommt[a]. Mit Intelligenz und Dummheit hat es also nichts zu tun. Der ursprüngliche Sinn des Wortes, das wir mit klug übersetzen, ist: „die Augen aufmachen" . Die klugen waren „helle", sie erfaßten, worauf es in diesem Augenblick ankam. Sie rechneten die Möglichkeit mit ein, daß der Bräutigam sich verspäten könnte. An dieser Verspätung des Bräutigams aber hängt die ganze Geschichte.

... der Bräutigam verzog ...

Der Bräutigam läßt auf sich warten; wie sehr, verdeutlicht die Geschichte daran, daß alle Mädchen schläfrig werden und schließlich einschlafen. Die Fackeln lassen sie derweil brennen, „weil beim plötzlichen Kommen des Bräutigams das Licht nicht so rasch entzündet werden kann". Ein Feuer anzufachen, das war zu einer Zeit, als es noch keine Zündhölzer gab, ein umständlicher und langwieriger Vorgang. Zu später Stunde, um Mitternacht, werden sie durch ein lautes Hallo geweckt: der Bräutigam kommt. Sie stehen auf und machen ihre Fackeln fertig: „Sie befreien die Lappen von den angekohlten Resten", und die Klugen „begießen sie mit Öl, damit die Fackeln wieder hell brennen". Die Törichten aber müssen feststellen, daß ihre Fackeln am Verlöschen sind; das Öl darin ist aufgebrannt während der langen Wartezeit, auf die sie sich nicht eingerichtet hatten.

Ihr Versäumnis läßt sich nicht wiedergutmachen. Mit Recht weigern sich die Vorsorglichen, von ihrem Ölvorrat abzugeben. Er könnte nicht für alle reichen, und das Ehrengeleit würde in Spott und Schande enden, falls die Lichter vorzeitig verlöschen. Der Vorschlag, zum Kaufmann zu gehen, „ist nicht ironisch gemeint; die törichten Mädchen handeln ja danach". Er dient aber dem dramatischen Ablauf der Geschichte: Im entscheidenden Augenblick sind die Törichten nicht da — so wird es deutlich, daß sie sich durch ihre Torheit selber von der großen Freude ausgeschlossen haben.

... ich kenne euch nicht!

Der Bräutigam verweigert den Jungfrauen, die das Ehrengeleit durch ihre Torheit versäumten, den Zutritt zum Hochzeitssaal. Sie haben ihr **Anrecht auf Teilnahme an dem Fest verscherzt, weil sie ihre Pflicht als Brautjungfern nicht erfüllten**[b].

---

[a] „Die törichten nämlich nahmen ihre Lampen und nahmen kein Öl mit sich. Die klugen dagegen nahmen außer ihren Lampen Öl in ihren Gefäßen mit" (Zürcherbibel).

[b] Möglicherweise soll man sich die Sache auch so vorstellen, daß die Mädchen nicht vom Bräutigam oder der Braut bzw. deren Familie mit der Rolle der Ehrenjungfrauen betraut und dementsprechend zur Hochzeit eingeladen waren, sondern aus eigenem Antrieb diesen Ehrendienst übernahmen, um sich auf diese Weise eine Einladung zur Hochzeit zu sichern. (Siehe Burkitt, a.a.O. S. 269.)

Die Worte „ich kenne euch nicht" müssen verstanden werden in dem Sinne: ich *will* euch nicht kennen = ich will mit euch nichts zu tun haben [c].

Der feierliche Ton der Abweisung geht über den Anlaß weit hinaus und macht deutlich, daß V. 12 der Schlüsselvers der Parabel ist: Er gehört noch zur „Bildhälfte", weist aber in die „Sachhälfte" hinüber (vgl. Mt. 18, 13; Lk. 11, 8; 14, 24; 18, 14).

Die Parabel und ihre Hörer

Die Parabel von den klugen und törichten Jungfrauen ist wohl erst in der Urgemeinde entstanden. Ein uns unbekannter christlicher Prophet oder Lehrer hat sie im Namen und im Geiste Jesu gesprochen. Wollen wir sie recht verstehen, dann müssen wir uns die Situation gegenwärtig halten, in der die Gemeinde durch diese Parabel angeredet wurde und sie als Wort ihres erhöhten Herrn erfuhr, so daß sie dieselbe fortan hineinstellen konnte unter die Worte, die Jesus zu seinen Lebzeiten gesprochen hatte.

Die Urgemeinde teilte mit dem Spätjudentum die Erwartung des Weltendes. Aber für sie bedeutete dieses Weltende nicht nur, daß es sich erweisen sollte, daß Gott das letzte Wort hat in allem, was in unserem Leben und in der Welt geschieht, daß die alten Verheißungen Gottes in Erfüllung gehen würden und daß alles gottlose Wesen in Gottes Gericht ein Ende finden sollte. Für sie bedeutete das zugleich den Tag, an dem Jesus in seiner Herrlichkeit als der Christus, der „Menschensohn", als Herr der Welt und Heiland der Glaubenden offenbar werden würde. Der Glaube, daß Gott diesen Jesus auferweckt und zum Christus gemacht hat, daß damit das Entscheidende schon geschehen ist, sprach sich aus in der Erwartung, daß der Tag nahe sei, an dem Jesus als der „Menschensohn", als der Weltenrichter wiederkommen würde [d].

Diese Erwartung war Ausdruck des Glaubens, geschichtliche Gestalt des Glaubens, aber nicht der Glaube selber. Das zeigt sich an nichts besser als daran, daß der Glaube nicht aufhörte, als Tag um Tag, Jahr um Jahr verging, ohne daß das erwartete Weltende kam. Er lernte, das, worauf es ihm ankam, anders zu verstehen und auszusagen. Er mußte sich lösen von jener Erwartung, in der er zuerst Gestalt gewonnen hatte.

In diese Geschichte des Glaubens gehört die Parabel von den zehn Jungfrauen. Dem Versuch, die Erwartung der Wiederkunft Christi in ihrer

---

[c] Mit diesen Worten pflegte z. B. der jüdische Schriftgelehrte den Verweis zu formulieren, „durch den er dem Schüler für sieben Tage den Verkehr untersagt". (Jeremias, S. 174.)

[d] Vgl. Mt. 10, 23; Mk. 13, 30 vgl. 9, 1; Lk. 18, 7; Mt. 24, 30 f.; 24, 37—41; 25, 31 f.

ursprünglichen Hochspannung künstlich zu konservieren, wird hier entgegengehalten, daß es töricht ist, nicht mit einer längeren Wartezeit zu rechnen. Echte Bereitschaft für den Herrn, das heißt gerade nicht, sich festkrampfen an der Erwartung, daß er „in Kürze" kommen muß, sondern es bedeutet, besonnen die Möglichkeit ins Auge zu fassen, daß er „verzieht".

Dem Erzähler, der im Namen Jesu seine Gemeinde mit dieser Parabel anredete, legte sich der Bildstoff der Hochzeit nahe, denn die Hochzeit war ihm und seinen Hörern als das Bild der seligen Endzeit vertraut. Erwartete die Gemeinde das Kommen ihres Herrn, so konnte ihn das leicht auf das Kommen des Bräutigams führen, und der Gedanke, daß die Wiederkunft Christi auf sich warten läßt, brachte ihn auf die Verspätung des Bräutigams. Aber diese Berührungspunkte zwischen Parabel und Sache bedeuten nicht, daß wir eine Allegorie vor uns haben. Der Erzähler hat durch sie nur den Bezug der Parabel auf die Situation sichergestellt. Die Erzählung ist völlig selbständig und so angelegt, daß der Hörer dem in V. 2 vorgenommenen Urteil zustimmen muß: Jene, die es für überflüssig hielten, sich auf eine längere Wartezeit einzurichten, waren töricht. Mit Recht werden sie von der Festfreude ausgeschlossen. Die Anspielungen auf die Sache sichern nur, daß der Anspruch dieses Urteils, auch in der Sache zu gelten, unmittelbar wahrgenommen wird .

Der Rahmen der Parabel

Die Parabel wird eingeleitet durch die formelhafte Wendung: „das Himmelreich ist gleich..." Diese Einleitung will nicht wörtlich genommen werden. Das Himmelreich wird nicht mit den Jungfrauen verglichen, sondern es soll gesagt werden: mit Bezug auf das Himmelreich geht es zu wie in jener Geschichte von den zehn Jungfrauen[e]. „Dann" verdeutlicht der Evangelist und weist damit auf das vorige Kapitel zurück (vgl. 24, 30 f.; 39 ff. 44. 50): Wenn der Menschensohn kommt, dann werden die einen „eingehen zu ihres Herren Freude", und die anderen werden erkennen müssen, daß sie sich durch ihre Torheit davon ausgeschlossen haben.

Es ist möglich, daß auch die Einführungsformel eine verdeutlichende „Zutat des Matthäus" ist .

Am Schluß der Parabel finden wir als Anwendung[f] die Mahnung: „Wachet, denn ihr wisset weder Tag noch Stunde, in welcher — so verdeutlichen die späteren Handschriften — der Menschensohn kommt".

---
[e] Vgl. o. S. 19 f.
[f] Vgl. o. S. 20 f.

Diese Anwendung stammt nicht vom Erzähler der Parabel; sie ist eine spätere Auslegung des Textes. Trifft sie den Sinn der Parabel? Wir brauchen uns nicht daran zu stoßen, daß in V. 13 zum Wachen aufgefordert wird, während doch V. 5 zufolge alle Jungfrauen schlafen. Das Wort hat hier die übertragene Bedeutung: Bereitsein. Von Bereitsein ist in der Parabel die Rede; aber diese allgemeine Mahnung gibt dennoch nur unvollständig wieder, was die Parabel sagen will. Sie läßt nicht erkennen, daß das eigentliche Bereitsein gerade darin bestehen soll, eine längere Wartezeit in Rechnung zu stellen. Die Verallgemeinerung gibt dem Text zwar einen zeitlosen Sinn, aber sie wird ihm letztlich nicht gerecht, sie läßt ihn nicht zu Worte kommen . Hören wir dagegen den Text in seinem Bezug auf jene einmalige geschichtliche Situation, dann birgt er für uns die Verheißung, daß der Glaube an den Wandlungen seiner geschichtlichen Situation nicht zerbricht, und daß ihm immer wieder das Wort zu Hilfe kommt, das ihm möglich macht, Glaube zu bleiben[g]. Der Text, der uns jede habhafte allgemeine Wahrheit verweigert, verweist uns damit an den lebendigen Gott.

---

[g] „Theologisch wird auch an diesem Texte deutlich, daß das Wort Jesu an seine Gemeinde sich niemals auf den Umkreis der ipsissima verba [der ganz sicher von ihm selbst gesprochenen, also „echten" Worte] des historischen Jesus begrenzen läßt, sondern das Wort des Erhöhten mitumschließt, je und je hineingesprochen in eine neue Situation. Was die kritische Forschung traditionsgeschichtlich als ‚unecht' und ‚Gemeindebildung' bezeichnet, bekommt von daher einen eminent positiven Sinn." (Bornkamm, Die Verzögerung der Parusie, a.a.O. S. 126. Erläuterungen in [ ] von mir.)

Theologie in der Kleinen Vandenhoeck-Reihe

1482 **Rolf Kramer · Arbeit – theologische, wirtschaftliche und soziale Aspekte**
1982. Etwa 104 Seiten, kartoniert

1481 **Eduard Schweizer · Die Bergpredigt**
1982. Etwa 120 Seiten, kartoniert

1480 **Friedrich Hauck / Gerhard Schwinge**
Theologisches Fach- und Fremdwörterbuch
5., neubearbeitete Auflage. Mit einem Verzeichnis von Abkürzungen aus Theologie und Kirche. 1982. 252 Seiten, kartoniert

1444 **Hans-Jürgen Fraas · Glauben und Lernen**
Ein theologisch-didaktischer Leitfaden für die Elementarerziehung. 1978. 92 Seiten, kartoniert

1443 **Wolfhart Pannenberg**
Die Bestimmung des Menschen
Menschsein, Erwählung und Geschichte. 1978. 123 Seiten, kartoniert

1403 **Gerhard Friedrich · Utopie und Reich Gottes**
Zur Motivation politischen Verhaltens. 1974. 90 Seiten, kartoniert

1139 **Wolfhart Pannenberg · Was ist der Mensch?**
Die Anthropologie der Gegenwart im Lichte der Theologie. 6. Auflage 1981. 114 Seiten, kartoniert

Vandenhoeck & Ruprecht · Göttingen und Zürich